U0111384

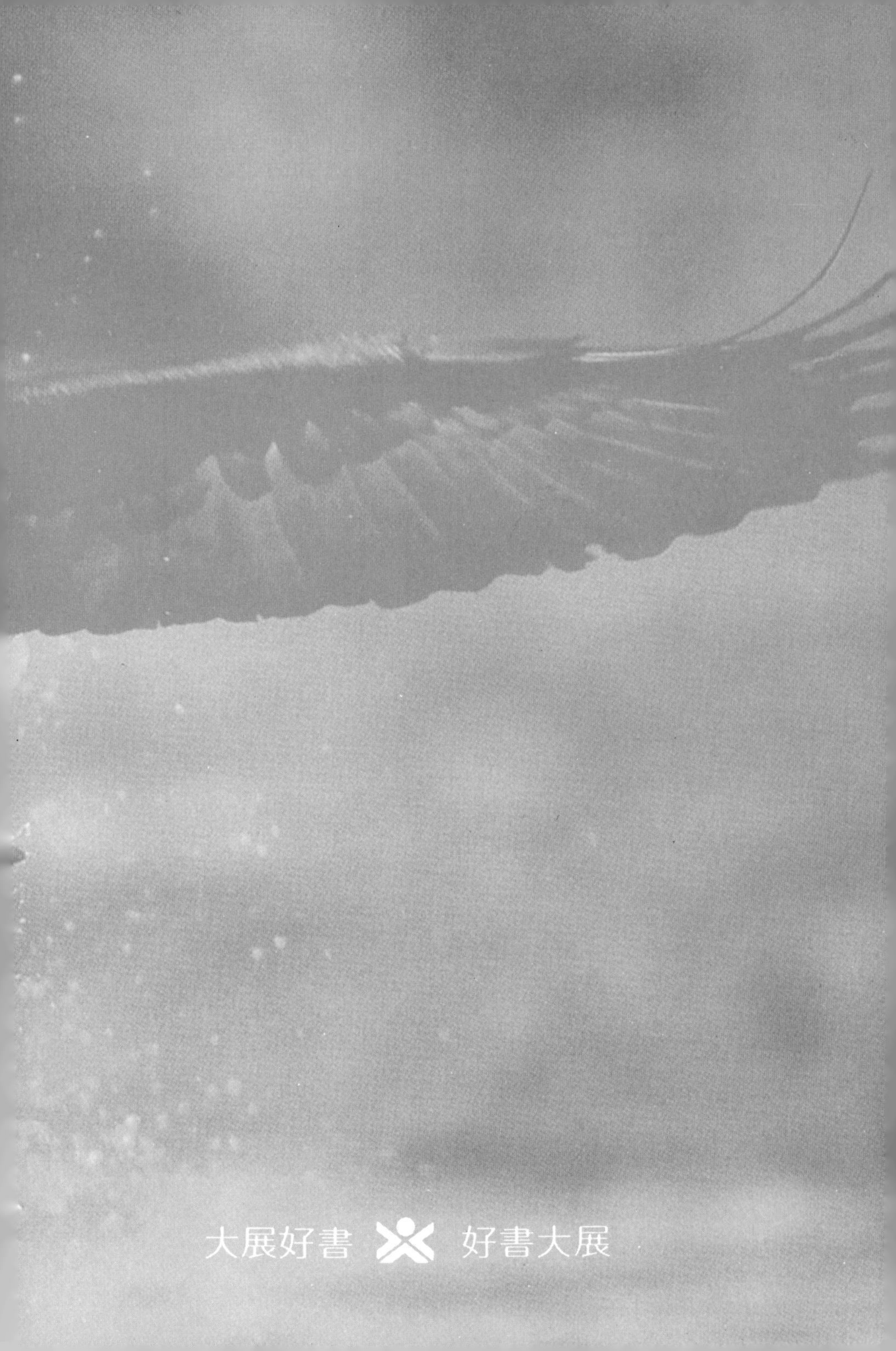
大展好書 好書大展

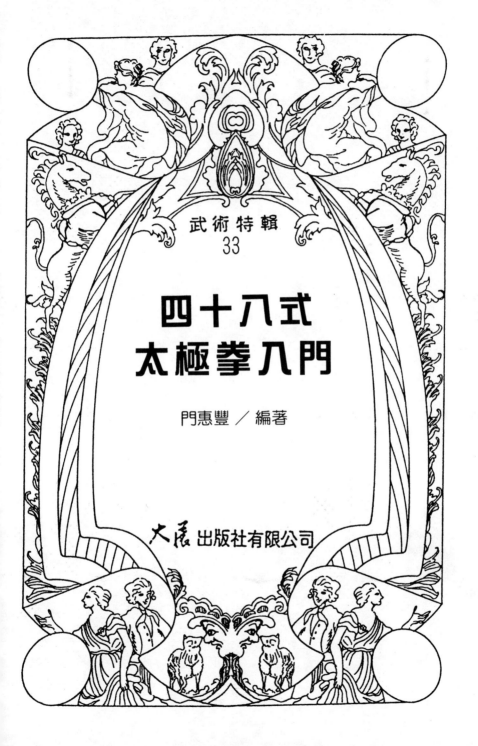

武術特輯
33

四十八式
太極拳入門

門惠豐／編著

大展出版社有限公司

前　言

群眾性太極拳活動的蓬勃發展，向我們提出了一個極其重要的問題，那就是如何使廣大太極拳愛好者，掌握太極拳運動的精神實質，從而全面地提高太極拳運動的技術水平，使太極拳——這顆中華民族燦爛文化遺產的明珠，如日月經天，江河行地，萬古不息。

當前群眾性太極拳活動中，普遍存在這樣幾個問題：

其一，隨著學習太極拳人數的日益增多，開展太極拳活動的地區逐漸擴大，出現技術傳授層次成幾何級數增長的現象。這樣就難免會有見仁見智、以訛傳訛、差之毫厘謬以千里之虞。長此以往，則又謬誤流傳，屢出不窮，積重難返，失去了太極拳運動的特點和風格。

其二，太極拳運動中出現只重外形而忽視其內含，教學從套路入手而忽視基本功、基本動作的練習。要想提高太極拳水平，非得從基本功、基本動作入手不可。這正如建房必先打好基礎，根基不牢固，崇樓峻閣必不能安載其上的道理一樣。

其三，過去受「左」的思想影響，太極拳傳授者不敢涉及太極拳的實質問題，如意氣問題、攻防含義

等等，使從學者只知其然而不知其所以然，無法得到太極拳的本質東西，無法統一和提高。

其四，又有相反的一種傾向，長期以來太極拳的基本理論被一些人說得玄之又玄，神乎其神，太極拳的基本理論被蒙上了一層唯心主義的神秘色彩，所謂「只可意會不可言傳」，使廣大太極拳愛好者視為高不可攀、深不可測、望而止步的東西。

其五，在太極拳傳授中，往往是教師在前領教，從學者在後隨學，沒有根據太極拳動作進行分解教學，使從學者掌握動作不夠細緻和準確。這些情況，都妨礙了太極拳運動水平的提高。

鑒於上述情況，我們在「安徽省四十八式太極拳訓練班」的教學中，抓住了四十八式太極拳的基本功和基本動作的訓練，採用了分解口令教學法和動作要領提示，並大膽地涉及到一些基本招式的用法解意，教學效果良好。

學員們較快地學會了四十八式太極拳的套路，弄清了套路中的手型、手法、步型、步法、腿法、身型、身法、眼法等基本技術的要領；初步掌握了動作變化規律和運動特點；對勁力的運用，以及意念、呼吸與動作的結合，也有了一些體會；並初步掌握了太極拳的教學步驟、重點和分解口令教學的方法。

他們在回到各地、市、縣進行四十八式太極拳的教學中，採用上述方法亦同樣取得了良好的教學效果。如蚌埠市在十四個太極拳輔導站教學中，推廣了上述教學方法，一年來，就有近九千人學會四十八式

太極拳。由此總結出一條經驗，從太極拳基本功訓練入手，狠抓基本動作練習，採用分解口令教學，說明太極拳基本招式的攻防含意，是提高太極拳運動技術水平的重要手段。

為提高四十八式太極拳的教學質量和技術水平，本書把教學實踐中運用的教學方法、手段和步驟編寫出來，圖文並茂地奉獻給廣大太極拳老師和愛好者，在教學和鍛鍊時參考。由於我們水平所限，錯誤和不妥之處恐難避免，敬請廣大讀者批評指正。

此書的編寫得到了蚌埠市體委和李永昌、闕桂香等的支持和幫助，在此一併表示感謝！

門惠豐

目　錄

一、四十八式太極拳的特點

　　幾百年來，太極拳流行於我國民間，有著廣泛的群眾基礎和很好的醫療健身作用，是我國人民創造的一項寶貴文化遺產。

　　1965 年，國家體委經過調查研究，根據內容簡明、易學易練、先易後難的原則，編寫出版了「簡化太極拳」，為全國廣大愛好者初學太極拳提供了方便，有力地推動了太極拳的廣泛開展。

　　現在，以「簡化太極拳」為主要內容的群眾性太極拳活動已經遍及我國城鄉，成為深受歡迎的體育項目和保健醫療手段。人民要求普及，跟著也就要求提高。四十八式太極拳正是為了滿足廣大群眾這一要求而編寫的。

　　「四十八式太極拳」在鍛鍊要領上與「簡化太極拳」是一致的。它們都較好地發揚了傳統太極拳輕鬆柔和、圓活自然、綿綿不斷的運動特點，體現了心靜體鬆、意領身隨、剛柔相濟的基本要求。然而，四十八式太極拳作為「簡化太極拳」的繼續和提高，增加了技術內容，加大了難度和運動量，風格上也有一定的發展。它仍以楊式大架太極拳為基礎，同時也吸取了其他流派太極拳的一些特點和練法，從而形成了舒展圓活、均衡全面、生動簡練的拳路風格。

　　概括起來，四十八式太極拳路具有下述特點：

(1) 內容充實

整個拳套共有四十八個姿勢動作，比「簡化太極拳」二十四式增加了一倍。其中包括：拳、掌、勾三種手型：弓步、虛步、仆步、歇步、丁步、半馬步、獨立步、開立步、橫襠步九種步型；分腳、蹬腳、拍腳、擺蓮腳四種腿法以及多種多樣的手法、步法。這些動作既體現了太極拳的主要內容，又減少了傳統套路中的重複動作，每種拳式一般左式右式各出現一次。

(2) 動作圓活

四十八式太極拳的動作不僅採用了楊式太極拳的立圓轉換，而且多次運用吳式、孫式等傳統套路的平圓手法。如單鞭、捋擠勢中的雲轉和穿抹；進步栽捶、左右穿梭、右蹬腳等動作中的平圓立圓變換銜接，使動作更加圓活協調，富於變化。

在步法上，四十八式在穩定輕靈的基礎上，吸取了武式、孫式等流派的撤步、跟步練法、增加了步法的靈活性。在姿勢造型上，四十八式力求做到舒展大方，氣勢完整，如斜身靠、獨立跨虎、白蛇吐信、轉身大捋等拳式，既表現了武術特點，又有很好的藝術造型。

(3) 均衡全面

四十八式注意了鍛鍊的全面性，動作左右勻稱。一些典型動作，如單鞭、雲手、搬攔捶等，在左式的基礎上增加了對稱的右式，這就克服了某些傳統套路偏於一側，左右不均的「一頭沉」現象。再從兩腿負荷上看，全套弓步

共出現二十九次，其中左弓步十五次，右弓步十四次；虛步共出現十二次，其中左虛步七次，右虛步五次；仆步、獨立步共出現六次，其中左右腿各負重三次，這樣基本上做到了兩腿負荷平衡，鍛鍊全面。

此外，在手法運用上還注意加大了拳法比重，各種拳法約佔全部動作的三分之一，大大突破了傳統套路中所謂「太極五捶」的侷限。

(4) 編排合理

整個拳套分為六段，出現兩次高潮。第一段包括七個式子，著重於基本手型手法、步型步法的練習，重點動作是挒擠勢。第二段包括第八式～第十三式，增加了步法、身法的靈活轉換，重點動作是轉身推掌。第三段包括第十四式～第十九式，是拳套的第一次高潮，動作起伏轉折較大，重點動作是拍腳伏虎。第四段包括第二十式～第二十八式，重點動作是左右蹬腳。第五段包括第二十九式～第三十六式，重點動作是左右穿梭。四、五兩段側重了平衡、柔韌和協調性練習，如分腳、蹬腳、雲手、穿梭等動作，都對有關素質和身體機能提出了較高要求。第六段是整個拳套的最後高潮，包括最後十二個式子，其中有三種手型、七種步型、一種外擺腿法以及多種手法、步法和身法的順逆直橫、起伏轉換，重點是轉身大挒、轉身擺蓮兩個旋轉性動作。

整套拳路以「白鶴亮翅」為開門勢，經過三個往返，兩次高潮，最後以「掤挒擠按」、「十字手」趨於和緩而收勢。在編排上層層相疊，疏密相間，一氣呵成。

(5) 易於開展

四十八式太極拳在內容上、風格上都力求與「簡化太極拳」銜接適應。「簡化太極拳」的全部動作,都被「四十八式」直接採用或稍加變化後採用。這就使廣大群眾在學會「簡化太極拳」以後,可以比較容易地繼續學習四十八式太極拳。試點經驗證明,一般人在掌握「簡化太極拳」的基礎上,用十幾個學時就可學會。

在選材上,四十八式太極拳盡量選擇群眾熟悉喜愛,開展較廣的姿勢動作。對於一些難度較大的動作和發勁動作,如拍腳伏虎、掩手撩拳等,都規定了不同的練法和幅度,以適應不同體質、不同愛好者的特點,為四十八式太極拳的普及開展創造了有利條件。

二、基本技術要領

（一）手 型

1.拳：五指捲屈、自然握攏，拇指壓於食指、中指第二指節上。

2.掌：五指微屈分開，掌心微含，虎口成弧形。

3.勾：五指第一指節自然捏攏，屈腕。

各種手型都要求用力自然、舒展，不可僵硬。握拳不要過緊；掌指不要僵直，也不要鬆軟過屈；腕部要保持鬆活。

（二）主要手法

1.掤：臂成弧形，前臂由下向前掤架，橫於體前，掌心向內，高與肩平；著力點在前臂外側。

2.捋：兩臂稍屈，掌心斜相對，兩掌隨腰的轉動，由前向後畫弧捋至體側或體後側。

3.擠：後手貼近前手的前臂內側，兩臂同時向前擠出；擠出後兩臂撐圓，高不過肩，低不過胸，著力點在後手掌指和前手的前臂。

4.按：兩掌同時由後向前推按；按出後，手腕高不過肩，低不過胸，掌心向前，指尖朝上；臂稍屈，肘部鬆沉。按時與弓腿、鬆腰協調一致。

5.打拳（衝拳）：拳從腰間旋轉向前打出；打出後拳眼向上成立拳，高不過肩，低不過襠，臂微屈，肋部不

可僵直，著力點在拳面。

6.栽拳：拳從上向前下方栽打；打出後拳面向前下方，虎口向一側，著力點在拳面。

7.貫拳：拳從側下方向斜上方弧形橫打；臂稍屈，拳眼斜向下，著力點在拳面。

8.撇拳：拳從上向前撇打；拳心斜向上，高與頭平，著力點在拳背。

9.穿拳：拳沿著另一手臂或大腿內側伸出。

10.撩拳：臂由屈到伸，拳經下向前或前下撩打；撩出後拳心向下，高不過肩，低不過襠。

11.抱掌：兩掌心上下相對或稍錯開，在體前或體側成抱球狀；上手高不過肩，下手約與腰平，兩掌撐圓，兩臂成弧形，鬆肩垂肘。

12.分掌：兩掌向斜前方與斜後方或向斜上方與斜下方分開；分掌後前手停於頭前或體前，後手按於胯旁，兩臂微屈成弧形。

13.摟掌：掌經膝前橫摟，停於胯旁，掌心向下。

14.推掌：掌從肩上或胸前向前推出，掌心向前，指尖向上，指高不過眉，低不過肩，臂微屈成弧形，肘部不可僵直。

15.穿掌：掌沿另一手臂或大腿內側伸出。

16.雲手：兩掌在體前交叉向兩側畫立圓，指高不過頭、低不過襠；兩掌在雲撥中翻轉擰裹。

17.撩掌：掌經下向前或前下方撩出，掌心向上或向前上方，高不過胸，低不過襠。

18.架掌：屈臂上舉，掌架於額前斜上方，掌心斜向

外。

19.撐掌：兩掌上下分撐，對稱用力。

20.壓掌：拇指向內、掌心向下，橫掌下落壓按。

21.托掌：掌心向上，掌由下向上托舉。

22.採：掌由前向斜下捋帶。

23.挒：掌向斜外側撕打。

24.靠：肩、背或上臂向斜外發力。

25.滾肘：前臂豎於體前，邊旋轉邊向外撅擋。

各種手法均要求走弧形路線，前臂做相應旋轉，不可直來直往，生硬轉折，並注意與身法、步法協調配合。臂伸出後，肩、肘要鬆沉，腕要鬆活，掌指要舒展，皆不可僵硬或浮軟。關於手法的著力點，主要是說明其攻防含義，練習中應重意不重力地去體現，不可故意牽勁。

（三）步　型

1.弓步：前腿屈膝，大腿斜向地面，膝與腳尖基本垂直，腳尖直向前；後腿自然伸直，腳尖斜向前約45°～60°。兩腳全腳著地。

2.虛步：後腿屈蹲，大腿斜向地面（高於水平），腳跟與臀部基本垂直，腳尖斜向前，全腳著地；前腿稍屈，用前腳掌、腳跟或全腳著地。

3.仆步：一腿全蹲，全腳著地，腳尖稍外展；另一腿自然伸直於體側，接近地面，全腳著地，腳尖內扣。

4.獨立步：支撐腿微屈站穩，另一腿屈膝提起，舉於體前，大腿高於水平。

5.開立步：兩腳平行開立、寬不過肩，兩腿直立或屈

蹲。

6.歇步：兩腿交叉屈蹲，前後相疊，後膝接近前腿膝窩。前腳全腳著地，腳尖外展，後腳前腳掌著地，腳尖向前。

7.半馬步：前腳直向前，後腳橫向外，兩腳相距約二至三腳長，全腳著地。兩腿屈蹲，大腿高於水平，重心略偏於後腿。

8.丁步（點步）：一腿屈蹲，全腳著地，另一腿屈收，腳停於支撐腳內側或側前、側後約 10 公分處，前腳掌虛點地面。

9.橫襠步（側弓步）：兩腳左右開立，同弓步寬，腳尖皆向前；一腿屈蹲，膝與腳尖垂直，另一腿自然伸直。

各種步型都要自然穩健，虛實分明。胯要縮，膝要鬆，臀要斂，足要扣，兩腳距離不可過大過小，並須保持適當跨度，尤其拗步步型，兩腳不要踩在一條線上，以利鬆腰鬆胯、氣沉丹田、穩定重心。

（四）主要步法

1.上步：後腳向前一步或前腳向前半步。
2.退步：前腳向後退一步。
3.撤步：前腳或後腳向後退半步。
4.進步：兩腳連續各前進一步。
5.跟步：後腳向前跟進半步。
6.側行步：兩腳平行，連續依次側移。
7.蓋步：一腳經支撐腳前向側方落。

8.插步：一腳經支撐腳後向側方落。

9.碾腳：以腳跟為軸，腳尖外展或內扣；以前腳掌為軸，腳跟外展。

各種步法變換要求輕靈沉穩，虛實分明，前進時，腳跟先落地；後退時，前腳掌先落地，邁步如貓行，不可平起平落、沉重笨滯。兩腳前後和橫向距離要適當，腳掌或腳跟碾轉要適度，以利重心穩定，姿勢和順。伸直腿要自然，膝部不可挺直。

（五）腿 法

1.蹬腳：支撐腿微屈站穩，另一腿屈膝提起，小腿上擺，腳尖回勾，腳跟外蹬，高過腰部。

2.分腳：支撐腿微屈站穩，另一腿屈膝提起，然後小腿上擺，腳面繃平，腳尖向前踢出，高過腰部。

3.拍腳：支撐腿微屈站穩，另一腿向上擺踢，腳面繃平，手掌在額前迎拍腳面。

4.擺蓮腳：支撐腿微屈站穩，另一腿從異側踢起，經面前向外做扇形擺動，腳面繃平，兩手在額前依次迎拍腳面，擊拍兩響。

各種腿法均要求支撐穩定，膝關節不可僵直，胯關節鬆活，上體維持中正，不可低頭彎腰、前俯後仰、左右歪斜。

（六）身型、身法、眼法

1.身型
①頭：虛領頂勁，不可偏歪搖擺。

② 頸：自然豎直，肌肉不可緊張。

③ 肩：保持鬆沉，不可上聳，也不要後張或前扣。

④ 肘：沉墜鬆垂，自然彎屈，不可僵直或揚吊。

⑤ 胸：舒鬆微含，不可挺胸，也不要故意內縮。

⑥ 背：舒展拔背，不可駝背。

⑦ 腰：鬆活自然，不可後弓或前挺。

⑧ 脊：中正豎直，不要左右歪扭。

⑨ 臀：向內收斂，不可外突或搖擺。

⑩ 胯：鬆正縮收，不要僵挺或左右突出。

⑪ 膝：屈伸自然鬆活，不要僵直。

2. 身法

保持中正安舒，旋轉鬆活，不偏不倚，自然平穩。動作以腰為軸，帶動四肢，上下相隨，不可僵滯浮軟、俯仰歪斜、忽起忽落。

3. 眼法

總的要求是思想集中，意念引導，精神貫注，神態自然。定勢時，眼平視前方或注視兩手；換勢中，眼神與手法、身法協調配合。

（七）動作要領

1. 體鬆心靜，呼吸自然。身體各部自然舒鬆，不用拙力。思想安靜集中，專心引導動作。呼吸自然平穩，深長細勻，並與動作和運勁協調配合，一般規律是「虛吸實呼」、「開吸合呼」、「起吸落呼」，不可勉強憋氣。

2. 動作弧形，虛實分清。動作變換要走弧形，不可直來直去、生硬轉換。重心移動要沉穩、虛實分明，不可呆

滯雙重。

3. 上下相隨，圓活完整。動作要以腰為軸，帶動四肢，上下配合，完整一體。不可手腳脫節、腰身分離、割裂斷勁。

4. 均勻連貫，和順自然。動作要連貫柔和，綿綿不斷。速度保持大體均勻，不可忽快忽慢。遇有發勁，拍腳動作，速度可以有所變化，但需保持前後銜接自然，氣勢完整不散。

5. 輕靈沉穩，剛柔相濟。運動要輕靈不浮，沉穩不僵，外柔內實，剛柔相濟。發勁要起於腰腿，達於兩手，彈性展放，剛中寓柔。

三、練習步驟

打太極拳和練習其他體育項目一樣，要經過一個由生到熟，由熟到巧的逐步提高過程。

大致說來，學習打太極拳可以分成三個階段，有人稱做三步功夫。

第一階段，應該在姿勢上、動作上打好基礎。初學拳時要把拳套中的手型、手法、步型、步法、身型、身法以及腿法、眼法等基本技術要領弄清楚，做到姿勢正確舒展、動作穩定柔和。第二階段，注意掌握動作變化規律和運動特點，做到連貫圓活，上下相隨，協調自然。第三階段，著重勁力的運用和意念，呼吸與動作的結合，做到輕靈沉著、剛柔相濟，意、氣、力內外合一。

現把練習四十八式太極拳的各步驟要點簡述如下：

第一階段

在打基礎的第一階段，應注意以下幾點。

(1) 端正

打太極拳首先要保持身體中正安舒，姿勢正確。在懸頭豎項、沉肩垂肘、鬆腰斂臀等要領中，特別要注意腰脊中正，兩肩兩胯放鬆放平，以保持上體的自然正直。身體其他部位的姿勢也要認真按動作要求做好。

實際上忽視任何一個部位的要領，都會牽扯其他部位的姿勢變形。如臀部外凸，必然連及腰部、胸部前挺、腹肌緊張，造成錯誤動作定型。

故在初學時切不可貪多求快、潦草從事。

(2) 穩定

要使上體端正舒展，必須首先保持下肢穩定。步型、步法是整個姿勢的基礎。如果步子過小、過窄或腳的位置、角度不對，變換動作時虛實不清，勢必造成身體重心不穩，因此必須首先把步型、步法的要求弄清楚。可以通過單練各種樁步和步法，恰當地掌握身體重心變換的時機。還可根據具體情況，多做各種腿法（蹬腳、分腳、踢腿等）和增進腰部柔韌性的練習，也能夠增強下肢力量，有利於提高動作的穩定性。

(3) 舒鬆

初學時，在姿勢動作中要注意舒鬆自然，按照具體要求把動作做得舒展柔和。初學者往往容易使用拙力，造成不必要的緊張。打基礎時應從舒鬆柔和的要求入手，注意克服緊張、生硬的毛病。

(4) 輕柔

為了較快地掌握太極拳輕緩柔和的運動特點，初學時注意動作要慢、要柔，用力要輕、要勻。一般說來，初學時動作慢一些，用力輕一些，易於使動作準確，速度均勻，消除拙力。

第二階段

第二階段應著重於掌握太極拳的動作規律，體現太極拳運動特點，要注意以下幾點。

(1) 連貫

在姿勢動作有了一定基礎之後，就要努力做到節節貫

穿。各個姿勢動作要前後銜接，一氣呵成，好像行雲流水一樣，前一個動作的完成，就是下一個動作的開　始。比如初學時可以把掤、捋、擠、按四個局部動作分解開來；熟練之後，就要把四個動作銜接在一起，動作之間雖然仍要保持一定的節奏感（即在一個動作做完後，微微一沉），但要在似停非停之際立刻接做下一個動作，整個過程要保持前後連貫，環環銜接，不可鬆懈。

(2) 協調

練太極拳是全身活動，要求上下相隨，完整一氣，全身各部位的運動保持協調一致。

比如做「雲手」動作，腰脊轉動，帶動兩臂在空間畫圓，兩掌隨著臂部運動不斷地內外翻轉，兩腿支撐整個身體左右移動和旋轉，頭部也隨軀幹自然扭轉，同時兩眼不斷注視交換的上手，這樣就形成了一個處處牽連密切配合的全身運動。

(3) 圓活

太極拳的動作是以各種弧形、曲線構成的。認識和掌握這一規律，就能自覺地避免直來直往和轉死彎、拐直角的現象，使動作圓活不滯。在動作要領上，要特點注意運用腰脊帶動四肢進行活動，只有做到以腰為軸，才能使手法、步法變轉圓活，動作輕靈順遂。

第三階段

過去有人把這個階段稱為「由招熟而漸悟懂勁」的階段，或者叫做「練意、練氣、練勁」的階段。練習中要注意掌握以下要點。

(1) 虛實分明，剛柔相濟

在武術練習中，常常把矛盾轉換概括稱作虛實變化。太極拳從整體動作來分，除個別情況外，動作達到終點定勢為「實」，動作變轉過程為「虛」。

從局部動作來分，主要支撐體重的腿為實，輔助支撐或移動換步的腿為虛；體現動作主要內容的手臂為實，輔助、配合的手臂為虛。分清了動作的虛實，用力的時候，就要有張有弛，區別對待。

實的動作和部位，用力要求沉著、充實；虛的動作和部位，要求輕靈、含蓄。例如，動作達到定勢或趨於完成時，腰脊和關節要鬆沉、穩定。動作變轉運動時，全身各關節要舒鬆、活潑。上肢動作由虛而實時，前臂要沉著，手掌逐漸舒指、展掌、塌腕，握拳要由鬆而緊；由實而虛時，前臂運轉要輕靈，手掌略微含蓄，握拳由緊而鬆。這樣，結合動作虛實變化，勁力有柔有剛、張弛交替，打起拳來就可輕靈、沉著，避免不分主次、平均用力和雙重、呆滯的毛病。

(2) 連綿不斷，勁力完整

太極拳的勁力除要求剛柔相濟外，還要求均勻完整，時時處處不斷勁。如同傳統理論中所說「勿使有凹凸處，勿使有斷續處」。斷勁就是指力量的中斷、停頓、脫節、突變。要使勁力綿綿不斷，就要在動作連貫、協調、圓活的基礎上掌握運勁規律。

太極拳用力要求發自腰腿，運用於兩臂、兩手、達於手指，動作起來，以腰為樞紐，周身完整一氣。凡是腰部的旋轉都和腿的屈伸、腳的外撇裡扣、身體重心移動相配

合一致。兩臂運轉也要在腰部旋轉帶動下進行。

　　強調腰腿發力，周身完整，不是忽視上肢作用。太極拳中兩臂變化最多，是勁力運用的集中表現。比如前臂外旋時，小指一側微微用力，好似向外撐勁；前臂內旋時，拇指一側微微用力，好似向裡裹勁；前推時，除腕部微微塌住勁外，可注意中指或食指領勁，意念中好像力量貫注到指尖。這樣儘管動作千變萬化，但勁力始終貫穿銜接、完整一氣，做到勢換勁不斷。

　　概括起來，前面講的剛柔相濟，是指力量的變化；這裡講的連綿不斷，是指勁力的完整。

(3) 意念集中，以意導動

　　練太極拳自始至終要求思想集中。在技術熟練以後，注意力就應集中到勁力運用方面。

　　例如，做捋的動作要有牽引或是捋住物體的意念；按的動作要有向前推按的想像，以這種有關的意念活動引導勁力的發揮和變化，做到「意動身隨」、「意到勁到」。意念活動能動地引導動作，不僅使勁力體現得更充分、動作更準確，而且對調節中樞神經、增強各部器官的機能，提高醫療效果，都有直接影響，所以有人形容太極拳是用意不用力的「意識體操」。關於太極拳意念引導動作，在理解和實踐中要特別注意以下幾別：

　　第一、意念集中不是情緒緊張呆板。意念活動要與勁力的剛柔、張弛相一致，形成有節奏有變化的運動。意念活動和勁力運用，是統一運動的兩個方面，都要體現「沉而不僵，輕而不浮」的特點。

　　第二、意念、勁力、動作三者是統一的，但它們的相

互關係則有主有從。

意念引導勁力，勁力產生運動。太極拳要求「先在心，後在身」，勢換勁連，勁換意連。但對這種主從關係，不能有脫節、割裂的理解。意念的變化要表現在勁力和動作上。練太極拳不能片面追求「虛靜」，追求「有圈之意，無圈之形」，那樣就會把意念活動割裂架空，使人莫測高深，無所適從。

(4) 呼吸自然，配合動作

太極拳呼吸深長細勻，通順自然。初學時只要求自然呼吸。動作熟練以後，可以根據個人鍛鍊的體會和需要，有意識地引導呼吸，使其更好地適應勁力與動作的要求，這種呼吸叫「拳勢呼吸」。

比如太極拳動作接近定勢時，要求沉穩聚合、勁力充實，這時就應該有意識地配合呼氣，做到舒胸、束肋、實腹，以氣助力。

太極拳動作變換複雜，一般說來，凡是由實轉虛，勁力含蓄輕靈，肩胛開展，胸腔擴張的時候，應該配合吸氣；相反，當動作由虛轉實，勁力沉實集中，肩胛內合，胸腔收縮的時候，應該配合呼氣。這種結合與運動中的生理需要是一致的，也正是武術中「以意運氣、以氣運身」，「氣力合一」的體現。太極拳的「拳勢呼吸」就是使呼吸的自發配合變為自覺的引導。

「拳勢呼吸」的運用不是絕對的。因為太極拳的動作不是按呼吸節拍編排的。不僅不同的拳套練起來呼吸次數深度各不相同，就是同一套路，不同體質的人，呼吸也無法強求一律。可以這樣說，練拳時只能要求在主要動作和

胸肩開合較明顯的動作上，做到「拳勢呼吸」。

在練一些過渡動作及個人感到呼吸難以結合的動作時，仍需要進行自然呼吸，或採用輔助呼吸（短暫呼吸）加以過渡調節。所以打太極拳時無論技術如何熟練，總要以「拳勢呼吸」和「自然呼吸」結合使用，才能保證呼吸與動作的結合自然妥善，符合太極拳「氣以直養而無害」的原則要求。

不要簡單地開列「呼吸程序表」，使呼吸機械絕對，強求統一。尤其是病員或體質較弱的人，練太極拳更應因人制宜，保持呼吸的自然順遂，不能生硬勉強，以免有傷身體。

四、基本功

基上功是掌握及提高該拳技術的基礎訓練，是端正人體基本姿勢、提高專項素質、壯內健外的根本環節。

我們選定了「無極樁」、「開合樁」、「升降樁」、「虛步樁」、「進步」和「退步」等幾個單式，作為基本功法，通過在意念統率下呼吸與動作的協調配合練習，使意、氣、力三者結合，達到意力合一，以提高專項身體素質，從而使動作具有既沉重又輕靈、既剛健又柔韌的勁力內蘊，達到柔中寓剛、棉裡藏針，使周身圓滿完整、端正安舒、支撐八面、沉實有勁，為學好太極拳基本動作及套路奠定可靠的基礎。

（一）無極樁

兩腳平行分開，同肩寬，兩膝微屈，重心落於兩腿之間；兩手臂微屈，舉於胸前，手指微屈自然展開，指尖相對（相距約20公分）掌心向裡如抱球狀，目視兩手（圖4－1）。上體正直，頭正懸頂，下頦微收，沉肩垂肘，鬆腰斂臀，精神集中，意守丹田，呼吸自然。初練時每次5分鐘，久練逐漸增加。姿勢高低可根據體質和腿部力量自行掌握，通過練習下部力量增加穩實，周身內勁飽滿，丹田

圖 4－1

之氣充足。

（二）開合椿

在無極椿姿勢的基礎上，兩手臂作稍向外掤開和稍向內收合的練習（圖4-2、3）。「開」時為「吸氣」（小腹鼓起）；「合」時為「呼氣」（小腹內收）。初練時呼吸應力求自然暢通，不要勉強憋氣。當練久之後，可以加大呼吸程度，擴大充氣

圖4-2、3

量。如吸到極點不能再吸時，改為呼氣。同樣，呼到極點將氣全部吐出不能再呼時，改為吸氣。這樣每次可練3～5分鐘，日久可漸增。

（三）升降椿

預備時，身體自然正直，兩腳開立，頭正懸頂，下頦微收，肩臂鬆垂，兩手輕貼大腿外側，眼向前平視（圖4-4）。這時體鬆心靜，排除雜念，精神集中，呼吸自然。

動作時，兩手緩緩向前平舉至肩高，同肩寬，兩肘微下垂，手指微屈，指尖向前，手心向下，眼看兩手方向（圖4-5）。這時為「吸氣」（小腹內收，意由丹田提氣上升，貼於脊背）。此為「升」式，用意不用力，自然穩重。當兩手臂升至肩高時，轉為下落，兩手按至腹前，手

心向下，微微下塌，舒指展掌，眼看前下方（圖4-6）。
這時為「呼氣」（小腹鼓起），氣沉丹田，此為「降」
式。這樣兩手臂隨兩腿的伸屈，做前平舉和下按的反覆練
習即為「升降」練習。身體姿勢的高低可根據體質情況及
腿部力量而自行掌握。

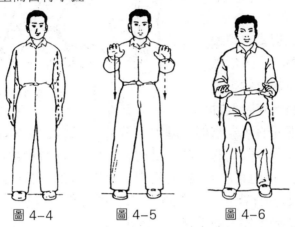

圖4-4　　　　圖4-5　　　　圖4-6

　　初做「升降」練習時，呼吸力求自然暢通，不要勉強
憋氣，久練後可以逐漸加大呼吸量。如兩手升至肩高，吸
氣到極點再不能吸時，改為呼氣。同樣兩手下按，呼氣到
極點不能再呼時，改為吸氣。一升一降為一次練習。初練
時，可做3～5次，久練後，每次練習的次數可逐漸增
加。

（四）虛步樁

　　立正站立，重心移至右腿並屈膝（圖4-7），左腳向
前進半步，腳跟著地，腳尖翹起，左膝微屈；同時兩掌向
前上方舉起，左掌指同鼻高，右掌在左肘內下方，兩掌指

微屈，自然分開，掌心斜相對，指尖均朝前上方，眼看左掌方向，如同左琵琶式（圖4-8）。

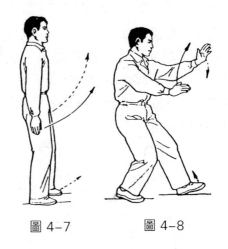

圖4-7　　　　　圖4-8

　　此勢要求頭頸端正豎直，下頦微收，沉肩垂肘，寬胸舒背，鬆腰斂臀，上體正直，左掌與左腳尖、鼻尖三尖相對。上肢的肩、肘、手與下肢的胯、膝、足均一一相合，即肩與胯合，肘與膝合，手與足合。精神集中，思無雜慮。用意行氣，氣一吸貼於脊背，一呼沉於丹田，周身務求自然，不用拙力，兩腋虛空，兩手臂用意內合。

　　練習該樁步，每次練習不論時間長短，但要持之以恆，對於人體內部，意氣及周身內勁以及腰腿功夫的增長，都有很大促進作用。

　　此勢包含有太極拳十三勢中的前進、後退、左顧右盼、中定以及攻守等勢，所以在太極拳中極為重要。此勢還可以左右勢交換進行練習，練習時間的長短及姿勢的高低，因人而異。

（五）進步

【預備式】　（胸朝東為前）

　　身體自然直立，兩腳跟併攏，腳尖稍外展，兩手背分

別貼附後腰兩側，手心均朝外，目前平視（圖4-9）。

【動作】

（1）身體重心移至右腿並屈膝，左腿屈膝抬起（圖4-10）。左腳向左前方上一步，腳跟先著地成左虛步（圖4-11）。然後重心逐漸移向左腿，全腳踏實，腳尖向前成左弓步，目前平視（圖4-12）。

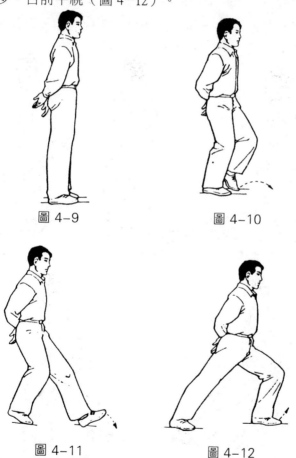

圖4-9　　　　　圖4-10

圖4-11　　　　　圖4-12

（2）身體重心移至右腿並屈膝後坐，左腿自然伸直，左腳尖翹起外擺成左虛步（圖4-13）；然後上體微左轉，重心移向左腿並屈膝，全腳掌踏實，腳尖偏向東北，同時右腿屈膝，腳跟抬起微外展碾腳（圖4-14）。

（3）上體微右轉，重心全部移至左腳，右腿抬起（圖4-15），經左腳內側向右前方（東南）上一步成右虛步（圖4-16）；然後重心逐漸移至右腿。全腳踏實成右弓步，腳尖向前（東），目視前方（圖4-17）。

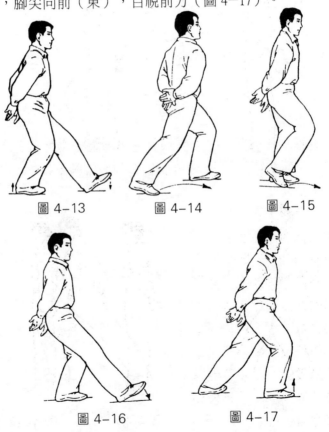

圖 4-13　　　　圖 4-14　　　　圖 4-15

圖 4-16　　　　　圖 4-17

根據以上步法變換過程，兩腿交替向前反複進行練習（圖4-9～20）。

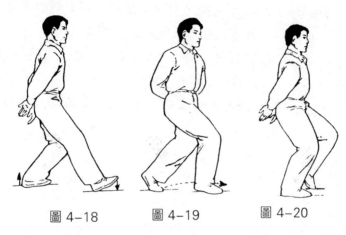

圖4-18　　　　圖4-19　　　　圖4-20

【收式】

後腳向前腳跟步，兩腳跟靠攏，兩腿慢慢伸起，兩手臂自然下垂於身體兩側，手心朝內（圖4-21、22）。

【要點】

①進行練習過程中，上體始終要保持正直，目前平視，重心要保持平穩，不要忽高忽低，身體的高低程度決定於本人的腿部力量，因人而異。②動作與呼吸的配合是：虛步時為吸氣，弓步和碾腳時為呼氣。③步法轉變要連貫穩實、虛實分明。

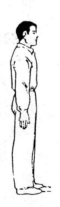

圖4-21　　　　圖4-22

（六）退步

【預備式】（胸朝東為前）

身體自然直立，兩腳跟併攏（圖4－23），腳尖稍外展，兩手掌相疊，手心朝裡，左掌在外，右掌輕貼於小腹（丹田處），目前平視（圖4－24）。

【動作】

（1）身體重心移至右腿並屈膝，左腿屈膝抬起，左腳向左後方撤一步，前腳掌先著地（圖4－25）。重心逐漸後移，全腳踏實，左腿屈膝後坐；右腿自然伸直，目前平視（圖4－26）。

（2）身體重心全部移至左腿並屈膝，右腿屈膝，右腳抬起經左腳內側向右後方撤一步，前腳掌先著地（圖4－27）。重心逐漸後移，全腳踏實，右腿屈膝後坐；同時左腿自然伸直，目前平視（圖4－28）。

根據以上兩腿動作變換交替向後反覆進行練習。

【收式】

前腳向後撤步，前腳跟與後腳跟靠攏，兩腿慢慢伸直。兩手臂自然下垂於身體兩側，手心朝內（圖4－21、22）。

【要點】

①上體始終保持正直平穩，不要忽高忽低，高低程度決定於本人的腿部力量，因人而異。

②動作要連貫，兩腿虛實要分明。

③動作與呼吸的配合是：身體後坐時為呼氣，抬腿撤步時為吸氣。

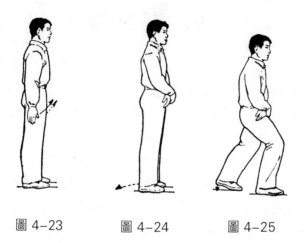

圖 4-23   圖 4-24   圖 4-25

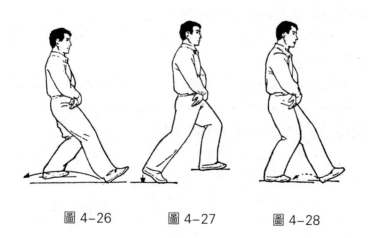

圖 4-26   圖 4-27   圖 4-28

五、基本動作

　　基本動作，就是代表該拳的風格、特點，具有普遍性、規律性的典型動作，是整個技術套路的核心動作。

　　本書選擇了「左、右捲肱」、「左、右雲手」、「左、右分鬃」、「獨立托掌」、「摟膝拗步」、「捋擠勢」、「左、右蹬腳」、「攬雀尾」八個典型動作作為該拳的基本動作，進行反覆練習，以外引內，以內導外，內外結合，使基本功訓練獲得的內勁，通過基本動作表現出來。以體現出太極拳輕鬆柔和，連貫均勻，圓活自然，協調完整，剛柔相濟的特點和體用兼備的鍛鍊價值。

　　練好基本動作是學好太極拳的前提；長期單練八個基本動作也能達到練太極拳的同樣效果。

　　下面以左右對稱的方式，介紹四十八式太極拳的八個基本動作的練習方法。

　　當每個基本動作學會掌握後，在做每次練習時，都應將八個基本動作按順序進行練習。每一個基本動作可左右反覆練習，一般左右共做八次為宜。

（一）左、右捲肱

【預備式】

（1）併步直立　　　　　　（2）兩腳開立

右　　　　　　　左

　　兩腳併攏直立，肩臂自然鬆垂，，兩手輕貼大腿外側，頭頸正直，下頦微收，精神集中，呼吸自然，眼向前平視。

　　左腳向左輕輕分開半步，同肩寬，腳尖向前，成開立步。

【要點】

　　捲肱推掌到定點時，要用意微微展掌舒指，有個拓勁，這時為呼氣；轉身舉臂時為吸氣；兩手臂前舉時為吸氣；收式兩手按落時為呼氣，意行氣沉丹田。

【動作】

（1）兩臂前舉　　　　　　　（2）撤手推掌

　　兩手臂緩緩向前平舉，手指微屈，手心向下，舉至肩高，兩臂距離同肩寬，肘微下垂，眼看兩手方向。

　　兩腿微屈，上體微左轉，重心左移；同時右臂向前微伸，右掌微微坐腕展掌前推，掌心向前下方，左掌向下撤至左胯前，掌心向上，眼看右掌。

（3）轉身舉臂

　　上體繼續微左轉（胸
向東南），重心移至左
腿；左掌向下，向左上畫
弧舉起，同肩高，掌心斜
向上；同時右臂外旋，掌
心轉向上，眼隨轉體先向
左看，再轉看右掌。

（4）撇手推掌

　　「左捲肱」定式

　　上體右轉（胸偏西
南）重心微右移，左掌
屈肘捲收經耳側向前推
出，高與肩平，掌心向
前下方；右掌向下向左
向右向後撇至右胯前，
眼看左掌。

（5）轉身舉臂 　　　　　　　## （6）撤手推掌

　　上體繼續微右轉
（胸向西南），重心移
至右腿，右掌向下向右
向上畫弧舉起，同肩
高，掌心斜向上；同時
右臂外旋，向前伸展，
掌心轉向上，同肩高，
眼隨轉體先向右看再轉
看左掌。

　　「右捲肱」定式
　　動作同（4）撤手推掌，
唯左右相反。

【收 式】

（1）兩臂前舉　　　　　（2）兩手按落

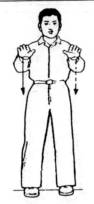 

上體微右轉（胸向
南），重心移至兩腳之
間；同時左臂內旋前伸，
兩臂在體前成前舉，掌心
向下，眼看兩手方向。

兩掌慢慢下按，落至
兩腿外側，成開步直立，
眼向前平視。

（二）左、右雲手

【預備式】 　　　　　　　　【動 作】
開步直立 　　　　　　　　　（1）兩臂前舉

　　　　　　　　　　　　　　　兩手臂慢慢向前舉起，
手指微屈，手心向下，舉至
與肩同高，兩臂距離同肩
寬，肘微下垂，眼看兩手方
向。

　　【要點】「雲手」是以腰椎爲軸，左右旋轉帶動兩手
臂在體前交互畫圓來完成的。呼吸與動作的配合是：手臂
前平舉時爲吸氣；按掌下落時爲呼氣；轉身雲手時爲吸
氣；旋臂翻掌時爲呼氣。「雲手」定式後，掌心翻向外下
落時，要用意微微有個撐按勁。

（2）兩掌下按　　　　　（3）轉身雲手

　　兩腿緩慢屈膝微蹲；兩掌輕輕下按，落至腹前，掌心向下，掌膝相對，眼向前下視。

　　上體微右轉，重心移向右腿；同時右掌向右上畫弧至身體右前方，掌心向內，手腕同肩高；左掌向右畫弧至右腹前，掌心轉向內，眼看右掌。

（4）旋臂翻掌

　　上體繼續微右轉（胸向西南），右掌畫弧至身體右側，前臂內旋，掌心翻向外；左掌向上畫弧至右肩前，掌心向內，眼看右掌。

（5）轉身雲手

「左雲手」定式

　　上體左轉，重心移向左腿；同時左掌自右經面前向左畫弧至身體左前方，手腕同肩高；右掌自右向下經腹前向左畫弧至左腹前，掌心由外轉向內，眼看左掌。

（6）旋臂翻掌　　　　（7）轉身雲手

　　動作同（4），唯左右
相反。

　　「右雲手」定式
　　動作同（5），唯左右
相反。

【收式】

（1）兩臂前舉

（2）兩手按落

成「右雲手」定式
時，上體微左轉（胸向
南），重心移至兩腳之
間；同時左手向左上、
右手向左畫弧，兩手臂
成前平舉姿式。手心向
下，眼看兩手之間。

兩手慢慢下按，落至
兩腿外側，兩腿伸起，成
開步直立，眼向前平視。

（三）左、右分鬃

【預備式】	【動作】
開步直立	（1）兩臂前舉

動作同雲手動作（1）。

【要點】 步法轉換要分清虛實，上下動作要協調連貫。呼吸與動作配合是：兩手臂前舉時為吸氣；向下按落時為呼氣，意在氣沉丹田；丁步抱球時為吸氣，弓步分掌時為呼氣，並在分掌定式時要用意微微沉勁。

（2）兩掌下按　　　　　（3）抱球收腳

動作同雲手動作（2）。　　　　重心移至右腿，左腳輕輕提起收至右腳內側成丁步；同時兩臂微屈，兩掌心相對，左掌至右腹前，右掌至右胸前成體前抱球狀，眼看右手。

（4）弓步分掌　　　　（5）抱球收腳

「左分鬃」定式

上體微左轉，左腳向左邁出一步，腳跟先著地而後重心左移，全腳掌踏實（左腳尖向東，胸向東南）；右腿自然蹬直，腳跟外展成左弓步；同時兩掌隨體轉分別向左上和右下分開，左掌指同眼平，掌心斜向上，右掌按於右胯旁，掌心向下，指尖向前，眼看左掌。

上體後坐，重心移向右腿，左腳尖翹起內扣全腳踏實，上體微右轉，重心再移至左腿；右腳輕輕提起收至左腳內側成丁步；同時左臂內旋掌心向下，右臂外旋掌心向上，兩掌左上右下在身體左前側成抱球狀，眼看左手。

（6）弓步分掌

「右分鬃」定式

動作同（4），唯左右相反。

【收式】
（1）兩臂前舉

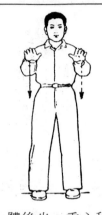

上體後坐，重心移至左腿，上體微左轉（胸向南）；同時右腳回收，腳尖內扣（腳尖向南）踏實；左腳以前腳掌為軸，使腳跟向裡碾轉與右腳平行，重心移至兩腳之間成開立步；隨體轉右臂內旋右掌心翻向下，向左劃弧，左掌向上提起，兩手臂在體前舉至肩高，眼看兩手方向。

（四）左、右獨立撐掌

【預備式】

（2）兩手按落　　　　　　開步直立

動作同雲手收式（2）。

【動作】

（1）兩臂前舉　　　　　　（2）兩掌下按

動作同雲手動作（1）。　　動作同雲手動作（2）。

【要點】　獨立撐掌時，身體要保持正直平衡，頭向上頂，支撐腳五趾抓地。呼吸與動作的配合是：兩手臂前舉時為吸氣，下按時為呼氣；轉身旋掌時為吸氣，獨立撐掌時為呼氣。收式兩手臂前舉時為吸氣，向下按落時為呼氣，意行氣沉丹田。

（3）轉身旋掌　　　（4）獨立撐掌

上體微右轉（胸向西南），重心移至左腿，右腳跟提起；同時右掌向右向下向左畫弧至右胯旁，掌心翻向上，指尖向前；左掌隨體轉屈肘橫於右腰前，眼看右前下方。

「左獨立撐掌」定式

上體微左轉（胸向南），左腿伸起直立，右腿屈膝提至體前，腳尖自然下垂；同時右掌經體前從左臂內側上穿，臂內旋翻掌撐架於頭右上方，指尖向左上方，掌心向前上方，左掌下落按於左胯前，掌心向下，指尖向右前，眼向前平視。

（5）轉身旋掌　　　（6）獨立撐掌

「右獨立撐掌」定式

左腿屈膝，右腳向左腳右側落步，兩腳同肩寬，重心移至右腿；左腳跟提起，上體微左轉（胸向東南）；同時左掌向左向後向右畫弧至左胯旁，左掌心翻向上，手指尖向前；右掌隨體轉屈肘下落橫於左腰前，掌心向下，手指尖向左，眼看右掌。

動作同（4），唯左右相反。

【收式】
（1）兩臂前舉　　　　　　（2）兩手按落

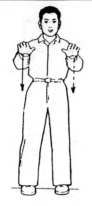 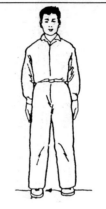

　　左腳慢慢下落至右腳左側，兩腳平行同肩寬，兩腿微屈；同時左掌下落，右掌上提，兩手臂前舉至肩高，掌指微屈，掌心向下，兩臂距離約同肩寬，肘微下垂，眼看兩手方向。

動作同雲手收式（2）。

（五）左、右摟膝拗步

【預備式】	【動作】
開步直立	（1）兩臂前舉

動作同雲手動作（1）。

【要點】　「左、右摟膝拗步」動作轉換過程中，要連貫協調，虛實分明。呼吸與動作的配合是：兩手臂成前舉時為吸氣；兩手臂按落時為呼氣，意行氣沉丹田；轉體收腳時為吸氣；上成弓步推掌時要微微塌腕沉勁為呼氣。

（2）兩掌下按　　　　　（3）轉體收腳

動作同雲手動作（2）。

上體微右轉，重心移至右腿，左腳收至右腳內側成丁步；同時右掌外旋向下向右上方畫弧至於耳側，掌心斜向上；左掌向上向右下畫弧至於右胸前，掌心斜向下，眼看右掌。

（4）弓步摟推　　　　（5）轉體收腳

「左摟膝拗步」定式

　　上體左轉，左腳向左（稍偏東北）邁出一步，腳跟先著地而後重心左移，全腳掌踏實（左腳尖向東，胸向東），右腿自然蹬直，腳跟外展成左弓步；同時左掌向左下經左膝前上摟過，按於左膝左上方，掌心向下，指尖向前，右掌屈收經耳側向前推出，指尖高與鼻平，掌心向前，眼看右掌。

　　上體後坐，重心移向右腿，左腳尖翹起內扣，全腳踏實，上體微右轉，重心再移至左腿；右腳輕輕提起收至左腳內側成丁步；同時左掌外旋向右上畫弧至於耳側，掌心斜向上，右掌同時收至左胸前，掌心斜向下，眼看左掌。

（6）弓步摟推

「右摟膝拗步」定式

動作同（4），唯左右相反。

【收式】

（1）兩臂前舉

上體後坐，重心移至左腿，上體左轉（胸向南）；隨轉體右腳回收，腳尖內扣（腳尖向南）踏實；左腳以前腳掌為軸，使腳跟向裡碾轉與右腳平行，重心移至兩腳之間成開立步；隨轉體左手向左，右手向左上畫弧至體前，兩手臂前舉至肩高，掌心向下，眼看兩手方向。

（六）左、右捋擠勢

動作同雲手收式（2）。

【動作】

（1）兩臂前舉	（2）兩手按落

動作同雲手動作（1）。　　動作同雲手動作（2）。

【要點】　抹掌與捋擠動作要連貫圓活，上下協調。呼吸與動作的配合是：兩臂前舉時為吸氣，向下按落時為呼氣；轉身抹掌時為吸氣，收腳下捋時為呼氣；上步兩臂上提時為吸氣，弓步前擠時為呼氣。收式兩臂前舉時為吸氣，兩臂按落時為呼氣，意行氣沉丹田。

（3）轉身抹掌　　　　　（4）收腳下捋

重心移至左腿，右腳尖內扣，上體左轉（胸向東南），左掌微收向右向前經右前臂上方穿出，向左前方畫弧平抹至身體左前方，掌心斜向下，右臂外旋掌心向上向左畫弧收至左肘內下方，眼看左掌。

兩掌自左前向下捋，右掌捋至右胯旁，掌心向上，左掌捋至腹前，掌心翻向下；同時左腳收至右腳內側成丁步，眼看左方（東）。

（5）弓步前擠　　　　　（6）轉身抹掌

「左捋擠勢」定式

　　左腳向左前方（偏東北）邁出一步，腳跟先著地而後重心移向左腿，全腳掌踏實，右腿自然伸直，成左弓步（胸朝東）；同時右臂內旋，左臂外旋，兩掌翻轉屈臂上舉，掌心相對收經胸前向前擠出，兩臂撐圓，右掌心向外，指尖斜向上，右掌指貼扶左腕，左掌心向內，指尖向右，高與肩平，眼看左腕。

　　上體後坐，重心移至右腿，左腳尖翹起內扣全腳掌踏地；同時身體向右後轉，重心再移至左腿，胸向西南，右掌經左掌上方向右後畫弧平抹至身體右前方（西），掌心斜向下，左臂微外旋，掌心向上，向右畫弧收至右肘內下方，眼看右掌。

（7）收腳下捋　　　（8）弓步前擠

動作同（4），唯左右
相反。

「右捋擠勢」定式

動作同（5），唯左右
相反。

【收式】

（1）兩臂前舉

（2）兩手按落

上體後坐，重心移至左腿，上體左轉（胸向南）隨體轉右腳收回，腳尖內扣（腳尖向南），全腳掌踏實；左腳以前腳掌為軸使腳跟向裡碾轉與右腳平行，重心移至兩腳之間成開立步；隨體轉兩手臂分開向左畫弧至體前平舉，掌心向下，眼看兩手方向。

動作同雲手收式（2）。

（七）左、右蹬腳

【預備式】	【動作】
開步直立	（1）兩臂前舉

動作同雲手動作（1）

【要點】　獨立蹬腳時，支撐腿微屈，膝部不可僵挺，上體保持直正，頭向上頂，支撐腳五趾抓地。呼吸與動作的配合是：兩手臂前舉時為吸氣，向下按落時為呼氣；收腳抱掌時為吸氣，獨立蹬腳掌時為呼氣。收式兩臂前平舉時為吸氣，向下按落時為呼氣，意行氣沉丹田。

（2）兩手按落　　　　　　（3）收腳合抱

動作同雲手動作（2）。　　　　重心移至右腿，左腳
收至右腳內側成丁步；同
時兩掌在胸前交叉成斜十
字形（左掌在外），掌心
均向內，眼看左前方。

（4）蹬腳撐掌　　　　　（5）收腳合抱

「**左蹬腳**」定式

左膝提起，左腳向左前方（東南）慢慢蹬出，腳尖回鉤，力在腳跟；兩掌向左前和右側同時伸臂撐開，肘微屈，腕與肩平，左臂左腿上下相對，眼看左掌。

上體微右轉，左腿屈膝下落，左腳落至右腳左側，先前腳掌著地而後全腳踏實，同肩寬，腳尖向南，重心移至左腿，右腳收至左腳內側成丁步；同時兩掌分別向下向內畫弧在胸前交叉抱成斜十字形（右掌在外），掌心均向內，眼看右前方。

（6）蹬腳撐掌

【收式】
（1）兩臂前舉

「右蹬腳」定式

　　動作同（4），唯左右相反。

　　右腿屈膝下落，右腳落至左腳內側，先前腳掌著地而後全腳踏實，同肩寬（腳尖向南），重心移至兩腳之間成開立步；同時兩手臂向裡合成體前平舉，掌心均向下，眼看兩手方向。

（八）左、右攬雀尾

（2）兩手按落　　　　　開步直立

動作同雲手收式（2）。

【動作】
（1）兩臂前舉　　　　　　　（2）兩手按落

　　動作同雲手動作（1）。　　動作同雲手動作（2）。

【要點】　動作變換過程中，上體保持正直不可前傾後仰，要連貫協調。呼吸與動作配合是：兩臂前舉時為吸氣，向下按落時為呼氣；丁步抱球時為吸氣，上步成弓步前掤時為呼氣；作「捋式」時為吸氣，作「擠式」時為呼氣；坐身收掌時為吸氣，弓步前按時為呼氣。收式兩臂前舉時為吸氣，兩手臂向下按落時為呼氣，意行氣沉丹田。

〔左攬雀尾〕

（3）收腳抱球　　　　　　（4）弓步掤臂

上體微右轉，重心移至右腿，左腳收至右腳內側成丁步；同時右臂收至右胸前平屈，掌心向下，左掌經體前向右下畫弧至右掌下，掌心向上，兩掌心相對成抱球狀，眼看右手。

「左掤式」定式

上體左轉（胸朝東南），左腳向左前邁一步，腳跟先著地而後重心移向左腿，左腳全腳掌踏實，右腿自然伸直，腳跟外展成左弓步（左腳尖向東），同時左前臂向前上掤出（即左臂成弧形，用前臂外側向前上方架出）高與胸平，掌心向內，右掌向下按於右胯旁，眼看左前臂。

（5）轉腰伸臂　　　　（6）轉身後捋

　　上體微左轉，左掌向前伸開翻掌，掌心向下，右前臂外旋掌心轉向上，經腹前向上向前伸至左前臂左下方，眼看左掌。

　　「左捋式」定式

　　上體後坐右轉（胸向南），右腿屈膝，重心偏於右腿，同時兩掌隨體轉下捋並經腹前向右後上畫弧，右掌心斜向上，高與肩平，左掌心斜向後，左臂平屈於胸前，眼看右掌。

（7）弓步前擠　　　（8）坐身收掌

「左擠式」定式

上體左轉（胸向東），重心前移成左弓步，右臂屈肘，右掌向前搭近左腕，雙手同時慢慢向前擠出，高與肩平，左掌心向內，右掌心向前，兩臂保持平圓形，眼看左腕。

右掌經左腕上方伸出，兩掌左右分開與肩同寬，掌心向下，隨即上體後坐，重心移至右腿，左腳尖翹起成虛步；兩臂屈肘，兩掌收至胸前，掌心向前下方，眼向前平視。

（9）弓步按掌　　　　　（10）收腳抱球

「左按式」定式

重心前移成左弓步；兩掌下落經腹前向前向上按出，鬆腰鬆胯，沉肩垂肘，塌腕舒掌，腕高與肩平，眼看兩掌方向。

上體後坐並右轉（胸朝南），重心移至右腿，左腳尖翹起內扣踏實，重心再移至左腿，右腳收至左腳內側成丁步；同時右手向右平畫弧，然後由右向下經腹前向左上畫弧至左腰前，手心向上，左臂平屈於左胸前，左掌心向下與右掌成抱球狀，眼看左手。

〔右攬雀尾〕

（11）弓步掤臂

（12）轉腰伸臂

「右掤式」定式

動作同左攬雀尾動作
（4），唯左右相反。

動作同左攬雀尾動作
（5），唯左右相反。

（13）轉身後捋　　　　（14）弓步前擠

「右捋式」定式　　　　「右擠式」定式
　動作同左攬雀尾動作　　　動作同左攬雀尾動作
（6），唯左右相反。　　　（7），唯左右相反。

（15）坐身收掌　　　　（16）弓步按掌

動作同左攬雀尾動作
（8），唯左右相反。

「右按式」定式

動作同左攬雀尾動作
（9），唯左右相反。

【收式】

（1）兩臂前舉

（2）兩手按落

上體後坐，重心移至左腿，上體左轉（胸向南），隨體轉右腳回收，腳尖內扣（腳尖向南），全腳掌踏實；左腳以前腳掌為軸，使腳跟向裡碾轉與右腳平行，重心移至兩腳之間成開立步；隨體轉兩手臂向左畫弧至體前平舉，掌心向下，眼看兩手方向。

同雲手收式（2）。

六、動作圖解、口令及用意

在四十八式太極拳教學的實踐過程中，我們感到採用分解口令教學，把比較曲折複雜的動作，按照每式結構分成若干節，如「白鶴亮翅」可分成三小節：①收腳抱球，②撤步分掌，③虛步亮掌。

同時提示出動作的要點，如「左琵琶勢」可提示為：兩手臂用意內合，不用拙力，沉肩垂肘，兩腕虛空。這樣就能比較容易克服學者顧手失足、顧身失肢的毛病，並且因領會動作要領，易於記憶、易於模仿、易於糾正過度動作的錯誤，易於整齊劃一。

特別是說明用法解意後，學者情緒飽滿，體會深刻。如「左琵琶勢」，設想對方用右手向胸部擊來，我含胸後坐，以左手向右黏其肘，右手向左黏其腕，用兩手左右合力撅臂反其肘關節；同時以左腳蹬其脛骨，這樣就使學者理解到左右手的距離應正好是對方的手腕至肘關節的距離；而且手與足動作要同時進行，兩手必須內合，肩肘要沉，兩腕要虛空。明白了這些道理，就可使教學收到事半功倍的效果。

圖 解 說 明

（1）圖像和文字對動作做了分解說明，打拳時應力求連貫銜接。

（2）在文字說明中，不論先寫或後寫身體的某一部分，各運動部位都要同時協調活動，不要割裂。

（3）方向轉變以人體爲準說明其前、後、左、右。必要時也假設以面向南起勢，註明東、南、西、北。

（4）圖上的線條表明從這一動作到下一個動作經過的路線和部位。左手、左腳爲虛線（……→），右手、右腳爲實線（→）。個別動作的線條受角度、方向等限制，可能不夠詳盡，應以文字說明爲準。

起 勢
（1）併腳直立　　　　　　　（2）兩腳開立

右　　　　　左

身體自然直立，兩腳併攏，頭頸正直，下頦內收，胸腹放鬆，肩臂鬆垂，兩手輕貼大腿外側；精神集中，眼向前平視；呼吸自然。

左腳向左輕輕開半步，與肩同寬，腳尖向前。

【要點】

①兩手前上舉如提物，下落如按水中瓢。

②屈膝高度要因人而異，一般說來，大腿與地面約成 45°～60° 斜角。整個拳套，除少數動作（如仆步、開立步、獨立步等）身體有明顯升降外，應保持高度大體一致，不要忽高忽低，起伏不定。

③下蹲時，要落臀收腹縮胯，避免前傾撅臀，後仰突腹展胯。

（3）兩臂前舉　　　　（4）屈膝按掌

　　兩手慢慢向前平舉，手指微屈，手心向下，舉至與肩同高，兩臂距離約同肩寬，肘微下垂。

　　上體保持正直，兩腿緩慢屈膝半蹲；兩掌輕輕下按，落至腹前，掌心向下，掌膝相對。

【用意】

　　①設若對方迎面用雙手抓握我兩手腕時，即可趁勢兩手提腕舉臂前掤將對方抖出。

　　②設若對方兩手向我腹部擊來，我即可兩手下按其兩臂，用採勁使其腳跟離地身體前傾，失去重心。

1.白鶴亮翅
（1）收腳抱球

（2）撤步分掌

上體微左轉，身體重心移至左腿；左掌微上提，左臂屈收在左胸前，右掌經腹前向左畫弧，兩掌左上右下，掌心相對，在左胸前成「抱球」狀；同時右腳提起並內收。眼看左掌前方。

右腳向右後方撤半步，重心後移；腰隨之右轉；右掌自左下方向右上方畫弧，左掌經右肩前向下畫弧。眼看右掌。

【要點】

①虛步時，兩腳夾角大約 45° 左右。後腿膝部與腳尖、臀部與腳跟大體相對，上體保持端正，注意縮胯收臀，膝部不要過於裡扣或外敞。

②上下分掌時，以腰帶臂，邊轉邊分，兩手不要停頓。

③氣沉丹田，神貫頂，兩目遠瞻。

（3）虛步亮掌

「白鶴亮翅」定式

上體微左轉，面向前方；兩掌繼續向不同方向畫弧，左掌按於右胯旁，掌心向下，指尖向前，右掌提至額前右上方，掌心向左，兩臂皆保持弧形；同時左腳稍向內移，腳前掌著地，膝部微屈，成左虛步。眼向前平視。

【用意】

設對方迎面雙手分別抓握我兩手腕用力向下採按，我則左臂屈肘上掤，右臂屈肘下沉外旋，微左轉身，使其力分散落空而解脫，趁對方重心不穩時，我以左手刁其右腕下採右臂穿至其右腋下，右轉身向右上方挑臂，以挒勁將對方發出。

2.左摟膝拗步

(1) 轉體落掌　　　　　　　　(2) 轉體收腳

　　上體微向左轉，右掌經體前畫弧下落，左掌經體側畫弧上舉。

　　上體向右轉；右掌經下向右後上方畫弧至與耳同高，掌心斜向上，左掌同時經面前向右下畫弧至右胸前，掌心朝右下方；左腳同時收至右腳內側。眼看右掌。

【要點】

　　①弓步時，兩腳夾角大約 45°～60°（必要時，後腳跟可以外展調整），左膝大體與左腳尖垂直。為了保持重心穩定，弓步的兩腳不要前後踩在一條線上，更不要左右交叉。應根據上體扭轉程度和勁力方向，兩腳保持 10～30 公分的橫向距離。

　　②摟膝推掌與重心前移成弓步要協調一致。定勢時兩手微微坐腕展指舒掌。

（3）摟膝推掌

「左摟膝拗步」定式

上體微左轉，左腳向前（偏左）邁出一步（兩腳橫向距離約 30 公分左右），身體重心前移，左腿屈弓，右腿自然蹬直成左弓步；同時右掌屈收經耳側向前推出，指尖高與鼻平，左掌向左下經左膝前上摟過，按於左胯旁，掌心向下，指尖向前；上體正直，鬆腰、鬆胯。眼看右掌。

【用意】

①設對方用左手向我胸部擊來，我則以右臂向左掩肘擋壓其臂。

②若對方又用腳踢我襠部，我以左手向左將其腳摟開，同時，上步進身以右掌擊其胸部使之後跌。

3.左單鞭

（1）轉體帶臂

（2）收腳穿掌

　　上體後坐，重心移向右腿，左腳尖翹起並稍內扣，上體隨之右轉；右臂隨轉體後帶，掌心向下，左掌自左下方經體側向體前畫弧，高與肩平，掌心斜向下；頭隨體轉，眼看前方。

　　左腳落實，身體重心移至左腿，右腳收至左腳內側；同時左前臂微回收，右臂外旋，右掌心朝上，從左肘下方向左前方穿出。

【要點】

　　①兩臂畫平圓時，腰部隨之轉動，上體要保持正直，不可俯仰歪斜。推掌按掌以後，手臂要稍屈，肘要鬆沉，不可僵直或聳肩揚肘。初學者在收腳上步時，前腳掌可在支撐腳內側輕輕點地，以利重心穩定。重心前移成弓步時，後腿自然蹬直，膝部不要僵挺，腳跟可以隨之外展調整（下同）。

　　②作弓步推掌時，轉體開胯邁步和左臂動作要協調一致。隨身體的左轉，左掌邊轉邊翻，定勢時，左手微微坐腕指拓掌。

（3）弓步伸臂　　　　（4）坐身屈肘

右腳向右前方（假設面向南起勢，此式應向西。下同）邁出一步（兩腳橫向距離10公分左右），重心前移成右弓步；同時左掌附於右腕內側（掌心同側），兩掌同時自左向前畫半個平圓，右掌心斜向內，左掌心斜向外；上體轉向正前方，鬆腰、鬆胯。眼看前掌。

上式不停，上體後坐，右腳尖上翹；右掌自前向右、向後屈肘再畫半個圓，掌心斜向上，左掌仍附貼於右腕內側，隨右前臂畫平圓。眼看右手。

【用意】

①設對方用左手從右側來抓我右肩，我則右轉身開臂帶肘解脫；若對方又用右掌擊我胸部，我則含胸以左手黏採其腕，右手臂穿其臂下屈肘立小臂內旋向後上方掛挑其臂，趁其重心不穩時將對方發出（或以掌撲勾撮其面）。

②設對方左手向我左側擊來，我則向左轉身上左步，左臂屈肘豎小臂向左格開其手臂以掌按擊對方左肩或面部。

（5）丁步勾步　　　　　（6）弓步推掌

右腳內扣落實，上體微左轉，重心移於右腿，左腳隨之收於右腳內側；同時右前臂在右肩前內旋後畫弧前伸，右掌隨之前按，至右前方時，右掌變勾手，左掌亦隨右掌一起翻轉（前臂外旋），收停在右肘內側，掌心向內。眼看右手。

「左單鞭」定式

上體微左轉，左腳向左前方（正東稍偏北）邁出一步，重心前移成左弓步；同時上體繼續左轉，左前臂內旋，左掌慢慢向前推出，掌心朝前，指尖高與鼻平，左手左腳上下相對。眼看左掌。

4.左琵琶勢
（1）跟步擺掌　　　　　　　（2）虛步合臂

腰部鬆縮，微向左轉，右腳提起跟進半步，腳前掌著地，落在左腳後面；同時左掌向內向下畫弧至左胯前，右勾手變掌隨腰的轉動向內向前平擺至體前，掌心斜向上。眼看前方。

「手揮琵琶」定式
　　重心後移，右腳落實，左腳稍向前上步，腳跟著地，膝微屈，成左虛步；同時右掌隨腰部微右轉，屈肘回帶，掌心轉向下，左掌向外向前上方畫弧挑舉。

【要點】

①右腳落步時先以腳前掌著地，隨重心後移再慢慢全腳踏實。提步時，腳跟先離地，然後輕輕將全腳提起。提步落步要用力輕勻，不可突然蹬地砸地。

②兩手臂用意內合，不用鬆力，沉肩垂肘，兩腋虛空。

5.左、右捋擠勢
（1）弓步抹掌

然後兩臂鬆沉合勁，左掌成側立掌停於面前，指尖與眉心相對；右掌也成側掌，屈臂合於胸前，掌心與左肘相對。眼看左掌。

左腳稍向左外挪動，然後全腳落實，重心前移成左弓步，上體稍右轉；右掌自左前臂上穿出，由左向右前方畫弧平抹，掌心斜向下，左掌微外旋（掌心斜向上）並向後畫弧，收至右肘內側下方。眼看右掌。

【用意】

①設對方用右手向我胸部擊來，我則以左手向下黏採其腕，右掌橫砍對方頸部。

②設對方用右手向我胸部擊來，我含胸後坐，左手向右黏其肘，右手向左黏其腕，用兩手的左右合力撅臂反其肘關節，同時以左腳踢其脛骨或以腳跟踩其前腳面。

（2）收腳下捋　　　　　（3）邁步舉臂

　　兩掌自前向下捋，左掌捋至左胯外側，右掌捋至腹前；同時右腳收至左腳內側。眼看右前方。

　　右腳向右前方（東面）邁出一步，腳跟著地；同時兩前臂旋轉（左臂內旋，右臂外旋），兩掌翻轉屈臂上舉，掌心相對，收於胸前；頭隨身體自然轉動。

【要點】

　　①由捋變擠時，兩掌在體前邊翻轉邊上提，兩手擺動不要超過身體，上捋與收腳、前擠與弓腿要做到協調一致。收腳時，如果初學者掌握不好重心，腳前掌可以在支撐腳內側點地停頓一下，然後再向前上步。類似動作皆同樣處理，不再註明。

　　②抹、捋、擠動作要連貫圓活，協調一致。

（4）弓步掤擠

（1）弓步抹掌

「右捋擠勢」定式

　　右腳落實，重心前移成右弓步；兩臂同時向前擠出，兩臂撐圓，左掌指貼近右腕，左掌心向外，指尖斜向上，右掌心向內，指尖向左，高與肩平。眼看右腕。

　　重心後移，右腳尖翹起微內扣，再落地成右弓步，同時上體左轉，左掌自右前臂上方穿出；向左前方畫弧平抹，掌心斜向下，右掌微外旋（掌心斜向上）並向後畫弧，收至左肘內側下方。眼看左掌。

【用意】

　　①設對方用左手緊握我左手腕，我則左臂沉肘外旋後收，帶其近身，同時右掌順勢向右前橫砍其頸。

　　②設對方用左手向我胸部擊來，我順勢右手黏其臂，左手黏其腋向後下方捋其臂，使對方前撲。如對方後收，趁勢上步以右臂（左手助力）緊緊按擠對方身體並控制其臂，將對方發出。此為「右捋擠勢」的用意，左捋擠勢用意同右勢。

（2）收腳下捋

兩掌自前向下捋，右
掌捋至右胯外側，左掌捋
至腹前；同時左腳收至右
腳內側。眼看左前方。

（3）邁步舉臂

左腳向左前方（東北）邁出一步，腳跟著地；同時兩前臂旋轉（右臂內旋，左臂外旋），兩掌翻轉屈臂上舉，掌心相對，收於胸前；頭隨身體自然轉動。

（4）弓步掤捋

「左捋擠勢」定式

左腳落實，重心前移成左弓步；兩臂同時向前擠出，兩臂撐圓，右掌指貼近左腕，右掌心向外，指尖斜向上，左掌心向內，指尖向右，高與肩平，眼看左腕。

（1）弓步抹掌　　　　　　　（2）收腳下捋

右掌自左前臂上穿出，
由左向右前方畫弧平抹，
掌心斜向下，左掌微外旋
（掌心斜向上）並向後畫
弧，收至右肘內側下方。
眼看右掌。

參見右捋擠勢之（2）。

（3）邁步舉臂　　　　　（4）弓步掤擠

參見右捋擠勢之（3）。　　「右捋擠勢」定式

　　　　　　　　　　　　參見右捋擠勢之（4）。

6.左搬攔捶

（1）坐身伸臂

重心後移，右腳尖外展，上體右轉，左掌向左前（正東）伸展，掌心斜向下，右掌同時向下畫弧，掌心朝上。

（2）收腳握拳

重心前移，左腳收於右腳內側；右掌經下向右畫弧，再向上捲收，停於體前，掌心向下，高與肩平，左掌變拳向下、向右畫弧收於胸前，拳心向下。眼向前平視。

【要點】

①兩手畫弧相交時前後上下要對稱，畫成兩個相交的立圓。左拳搬出後再收回時，左前臂見內旋，然後再外旋並捲收於腰間；右掌攔出時，右前臂先外旋，然後再內旋並攔於體前。

②搬捶時，重心前移，左拳慢慢打出；定式時，左臂微屈，不要伸直。

（3）上步搬拳

（4）上步攔掌

左腳向前墊步，腳跟著地，腳尖外撇；左拳隨之向前（正東）搬出，拳心翻向上，高與胸平，右掌經左前臂外側順勢按至右胯旁。眼看左拳。

重心前移，左腳落實，右腳經左腳內側收提上步；腰向左轉；左拳向左畫弧收於腰間，拳心向上，右掌經體右側畫弧向前攔出，高與胸齊，掌心向前下方。眼看右掌。

【用意】

①設對方用手緊握我右手腕，我則身體後坐，右臂沉肘外旋後收，帶其近身；同時左掌順勢橫擊其面。

②設對方左手擊我右胸時，我以右掌由上向下搬壓其臂；同時左臂屈肘握拳，以拳背扣擊其面部（此為搬捶）。

③設對方左手擊我胸部時，我以右手向左攔擋其手臂，同時上步以左拳擊其肋部（此為攔捶）。

（5）弓步打拳

「左搬攔捶」定式

　　重心前移成右弓步；左拳由腰際向前打出，拳眼向上，高與胸齊，右掌同時收於左前臂內側。眼看左掌。

　　上體後坐，右腳尖外展，腰向右轉；右前臂外旋，右掌向下畫弧，掌心向上，左拳變掌，前臂內旋並前伸，掌心轉向下。眼看右前方。

（2）收腳抱球　　　　　（3）弓步掤臂

右腳落實，重心前移，左腳收於右腳內側；同時左掌由前向下畫弧至腰前，右掌自下向後、向上畫弧收捲至胸前，兩掌成「抱球」狀。眼看右掌。

上體微左轉，左腳向前邁出一步，重心前移，右腿後蹬，腳跟後展，成左弓步；同時左前臂向前掤出（即左臂呈弧形，用前臂外側向前上方架出），高與肩平，掌心向內；右掌向下按於右胯旁。眼看左前臂。

【要點】

①由捋變擠時，兩手向身後擺開。由擠變按時，注意縮胯、斂臀、上體正直，不可前俯後仰。

②下捋時，以腰帶臂，保持虛腕屈肘，不要挾臂。

③坐身收掌時，收掌與後坐要同時，兩臂要沉肩、垂肘、虛腕，兩肘不要過分後收超過身體。

（4）轉腰伸掌　　　　　　（5）轉身下捋

腰微向左轉，左掌前伸並翻掌，掌心向下，右前臂外旋，掌心轉向上，經腹前向上、向前伸至左前臂下方。

上體右轉，兩掌下捋並經腹前向後上方畫弧，直至右掌心斜向上，高與肩平，左掌心斜向後，左前臂平屈於胸前；同時上體後坐，右腿屈膝，重心偏於右腿。眼看右掌。

【用意】

①設對方用右手按我左小臂時，我左臂收抱使其力量落空，隨即將對方搠出。

②設對方用右手向我胸部擊來，我順勢左手黏其肘，右手黏其腕，向後下方捋其臂，使對方力分散而失去重心前撲，若其身向我接近，我隨勢橫左小臂（右手助力）緊緊挨擠對方身體，將其擠出。

③設對方逼近我身體用兩手臂擠我胸部時，我則含胸坐身，以雙手按其手臂，使其力量失空，我順勢進身向前上方用力將對方發出。

（6）弓步前擠　　　　　（7）坐身收掌

上體左轉，面向前方，重心前移成左弓步；右臂屈肘，右掌捲收，掌指向前搭近左腕，雙手同時慢慢向前擠出，高與肩平，左掌心向內，右掌心向前，兩臂保持半圓形。眼看左腕。

右掌經左腕上方伸出，兩掌左右分開，與肩同寬，掌心向下，隨即上體後坐，重心移至右腿，左腳尖翹起，兩臂屈肘，兩掌收至胸前，掌心向前下方，眼平看前方。

（8）弓步按掌　　　　（1）轉身分掌

「左掤挒擠按」定式　　　重心移向右腿，左腳
　左腿前弓成左弓步，　尖內扣，身體右轉，右掌
兩掌下落經腹前向前、向　由左向右畫弧至身體右
上按出，腕高與肩平。鬆　側。左掌對稱分舉在身體
腰鬆胯，沉肩墜肘，塌腕　左側，兩肘微屈掌心向
舒掌。眼平視前方。　　　前。眼看右掌。

（2）收腳搭腕 　　　　　　 （3）邁步握拳

身體重心移於左腿，右腳收於左腳內側；同時右掌向下、向左畫弧收至體前，高與肩平，左掌同時收至體前，與右掌腕部交搭，抱成斜十字形（右掌在外），掌心都轉向內。眼看前方。

上體微右轉，右腳向右前方（正西偏北約30°）邁出腳跟著地；同時兩手握拳，前臂微內旋。眼看前方。

【要點】

①定勢時，弓步方向爲西偏北，上體轉向西偏南。注意沉肩鬆胯，肩、臂微向外撐勁，上體不要向右傾斜。

②做好收腳搭腕過程中，左手要下落，應外旋屈肘於胸前與右腕相搭。

（4）弓步撐拳

9.肘底捶
（1）轉身掩掌

「斜身靠」定式

重心前移，左腿自然蹬直（腳跟隨之外展），成右弓步；同時兩拳分別向左下和右上撐開，右拳停於右額角前，拳心斜向外，左拳下撐於左胯旁，拳心斜向身後。上體斜向西南。眼看左前方。

重心左移，右腳尖隨之翹起並內扣；上體左轉；右拳變掌，前臂外旋，掌心向上並向內掩裏畫弧，左拳同時變掌左掌向左向內畫弧。眼看右掌。

【用意】

①設對方用右手從右向我肩臂擊來，我以右手臂向右擋開其臂。

②設對方左手向我胸（腹）部出來時，我左轉以右手黏其臂順勢向左捋帶；同時上右步進身以肘頂或右肩臂靠擊對方。

（2）收腳抱球　　　　　　　（3）擺腳分掌

　　重心右移，左腳收至右腳內側；右掌翻轉並內屈收在右胸前，掌心向下，左前臂外旋，左掌掌心翻轉向上，並經腹前向右畫弧，與右掌相對成「抱球」狀（右上左下）。眼看右掌。

　　上體左轉，左腳向左前方擺腳墊步，腳跟著地，腳尖外撇；左掌經右前臂下方向左上方畫弧，掌心向裡，高與鼻齊，右掌經左胸前畫弧下落至右胯旁。眼看左掌。

【要點】

　　①整個動作要連貫一氣，以腰為軸帶動四肢。定勢時，鬆肩垂肘，微向下沉勁，右拳置於左肘下方偏右，保持胸部舒展。

　　②虛步握拳過程中，上體微微右轉，定勢時，沉肩垂肘，含胸拔背，用意內合微微沉勁。

（4）跟步擺掌　　　　　（5）虛步握拳

上體繼續左轉，左腳落
實，身體重心前移至左腿，
右腳跟進半步，腳前掌著地
落在左腳後面；左前臂內
旋，左掌向左、向下畫弧至
體側，掌心向下，右掌向
右、向前畫弧至體前，掌心
斜向上，高與鼻平。面向正
東，眼看前方。

「肘底捶」定式
　　重心後移，右腳落實，
左腳向前微移，腳跟著地成
左虛步，左掌經腰際從右腕
上向前穿出成側立掌，掌心
向右，指尖與眉心相對；同
時右掌變拳回收，置於左肘
內側下方，拳眼向上。眼看
左掌。

　　【用意】　①設對方用左手向我胸擊來，我則以右手採按其
腕，以左手臂穿其臂下，上步左轉身向左上挑，以兩手臂的合
力翻撅其臂，或將對方拉絆摔倒。
　　②設對方用右手向我左肋擊來，我向左轉身，以左手向左
下採其腕；同時右手向右橫捌掌擊對方頸部。
　　③設對方用左手向我胸（腹）部擊來，我以右手向下按其
臂，左掌托擊對方下頦，右手握拳蓄勁於肘下防護待發，同時
上左腳踢其脛骨或踏其腳背。

10.倒捲肱

（1）提腳舉臂

（2）虛步推掌

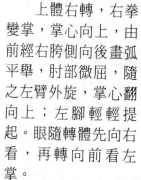

上體右轉，右拳變掌，掌心向上，由前經右胯側向後畫弧平舉，肘部微屈，隨之左臂外旋，掌心翻向上；左腳輕輕提起。眼隨轉體先向右看，再轉向前看左掌。

「倒捲肱」定式

左腳輕擺，腳尖下垂，向後退步，腳前掌著地，隨身體重心後移，左腳踏實，右腳腳跟微外展，腳尖朝前成右虛步；同時右臂屈肘，右掌捲收經耳側向前推出，掌心向前，高與肩平，左手向下撤至左胯前。眼看右掌。上體正直，鬆腰鬆胯。

【要點】

①退步時，腳前掌先落地，然後全腳踏實，重心後移，做到虛實轉換清楚。同時兩腳要保持約10公分的橫向距離，不要兩腿交叉狀退步，以免重心不穩。

②提腳舉臂過程中，右臂（或左臂）隨身體轉動向下向右後（或左後）畫弧緩緩上舉，不要屈肘挾臂。

（3）提腳舉臂　　　　（4）虛步推掌

上體左轉，左掌向下、向左後方畫弧平舉，掌心仍向上，同時右臂外旋，掌心轉向上，眼隨轉體先向後看，再轉看右掌。

「倒捲肱」定式

右腳輕輕提起向後退步，前腳掌先著地，隨之全腳踏實，重心移至右腿，左腳跟微外展，左膝微屈成左虛步；左掌屈肘捲收經耳側向前推出，掌心向前，高與肩平，右掌向下、向後撤至右胯前。眼看左掌。

【用意】

設對方用右手緊握我左手腕或小臂，我則左臂外旋仰掌、沉肘、縮胯向後撤左步，帶其前撲，趁勢我以右掌還擊對方面部或胸。此為倒捲肱。（左右四個倒捲肱其用法相同，唯左右相反）

（5）提腳舉臂

參見（1）

（6）虛步推掌

「倒捲肱」定式
參見（2）

（7）提腳舉臂

參見（3）

（8）虛步推掌

「倒捲肱」定式
參見（4）

11.左、右轉身推掌

（1）撤步舉臂　　　　　　（2）轉身屈肘

左腳撤至右腳後，腳前掌著地；左掌外旋先向上舉，再收至右胸前，掌心向下，右掌由下向右上方畫弧，掌心向上，高與頭平。眼看右掌。

以左腳掌、右腳跟為軸向左後方轉體，轉身後重心仍在右腿；在轉動中右掌屈肘回收，左手略向下按。眼看左方。

【要點】

①丁步時，兩腳橫豎均要保持約 10 公分的距離，以便於轉動。轉動時，體重置於兩腳間，轉後重心移向後腿，保證轉動靈活。整個動作要做得既靈活又沉穩。

②關於轉身推掌的另一種作法（以左轉身推掌爲例）：左腳擺至右腳後，落實，重心移至左腿，身體左轉，右腳內扣，重心再移至右腿，同時，左腳跟提起向前邁出，隨之重心移至左腿，右腳跟進成丁步。

③跟步與推掌要上步與提膝一致。

（3）丁步推掌

〔右轉身推掌〕
（1）轉身屈肘

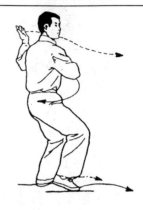

「左轉身推掌」定式

左腳向前（西北）邁步，右腳隨即跟進，落於左腳後側，腳前掌點地成丁步；同時左掌下落經膝前摟過，按於左胯旁，掌指尖向前，右掌經耳側向前推出，掌指向上，掌心向前，指尖高與鼻平。眼看右掌。

以左腳跟、右腳掌為軸向右後方轉體，轉身後重心仍在左腿；同時左臂外旋並向左、向上畫弧上舉，左掌心向上，高與頭平，右掌下落至左胸前，掌心向下。眼看右前方。

【用意】

設對方用手或右腳向我左肋或腰部擊來，我則向左轉身以左手由右向左摟開其手臂（或腳），上左步跟進，以右掌推擊其胸部，此為左摟推掌（左右四個轉身推掌用法相同，唯左右相反）。

（2）丁步推掌　　　　　〔左轉身推掌〕
　　　　　　　　　　　　（1）轉身屈肘

「右轉身推掌」定式　　　　參見轉身推掌一

　　右腳向前（東南）上步，　之（2），動作相同，
左腳隨即跟進，落於右腳後　唯左右相反。
面，腳前掌著地成丁步；右掌
經右膝前摟過，掌指向前，按
於右胯旁，左掌經耳側向前推
出，掌指向上，掌心向前，指
尖高與鼻平。眼看左掌。

（2）丁步推掌　　　　　〔右轉身推掌〕
　　　　　　　　　　　（1）轉身屈肘

「左轉身推掌」定式　　　參見轉身
　參見轉身推掌一之（3），　推掌二之（1）
但方向東北。
　　（2）丁步推掌

「右轉身推掌」定式
　參見轉身推掌二之（2），但方向西南。

12.右琵琶勢
（1）撤步臂舉　　　　　　　　　（2）虛步合臂

左腳向後（偏左）撤半步，身體重心移於左腿，上體左轉；左臂屈收，左掌帶至左胸前，掌心斜向下，右掌隨之向前、向上畫弧至體前，掌心斜向左。頭隨體轉，眼平視。

「右琵琶勢」定勢

上體微右轉，右掌微向下沉，前臂微旋轉，掌心向左成側立掌，指尖與眉心相對，左掌自左胸前向前合於右臂內側，掌心向右，與右肘相對；同時右腳提起微移，腳跟著地，膝微屈，成右虛步。面向正西，眼看右掌。

【要點】
　①定勢時，兩臂輕輕沉合，注意頭正、豎頸、鬆腰、沉肩、上體正直，方向轉為正西。
　②參見左琵琶勢要點之②。
【用意】參見左琵琶勢。

13.摟膝栽捶
（1）收腳下捋　　　　　　　　（2）進步掤臂

上體左轉，右腳收於左腳前，腳尖點地；兩掌下捋至腹前，掌心斜相對。頭隨體轉，眼平視。

右腳前進半步，重心前移至右腿，隨之左腳跟進落於右腳後面，腳前掌著地，兩掌翻轉提到胸前，同時向左、向前畫平弧，右掌心向上，高與肩平，左掌心向下附於右腕內側。眼看右掌。

【要點】

①兩臂畫平圓時，要以腰帶動。定勢時，上體不可過於前傾，步型為拗弓步。凡拗弓步步型（摟膝拗步、左右穿梭……等）要注意保持兩腳較大跨度，做到重心穩定，上體自然。

②兩臂畫平圓與上步提膝、弓步栽捶要連貫協調。

（3）左轉舉臂　　　　　（4）弓步栽拳

重心移向左腿，上體左轉，左前臂外旋，左掌向下、向後畫弧上舉，手心斜向上，高與頭平，右掌經面前向左畫弧，按於左胸前，掌心向下。眼看左掌。

「摟膝栽捶」定式

上體右轉，右腳向前邁出，左腿蹬直成右弓步；右掌向下經右膝前摟過，按於右胯旁，掌指向前，左掌變拳經耳側向前下方打擊，拳眼向右，拳面斜向前下，高與腹平。眼看前下方。

【用意】

①設對方用左手向我腹部擊來，我則左手黏其腕，右手黏其肘，雙手向後下方捋其臂，如對方後撤掙脫，我進步貼其身右手臂掤擠對方。

②若對方用左腳踢我右肋，我以右手向右摟開其腿並上步以左拳擊其小腹。

14.白蛇吐信

（1）坐身托掌　　　　　　　　　（2）歇步推掌

重心後　　　　「白蛇吐信」定式

移，右腳尖　　　　重心移至左腿，右腳內扣，向左後轉

翹起；左拳　身，重心再移至右腿，左腳提起原地向外撇

上提，右掌　轉，落地時重心偏於左腿，右腳跟隨轉體離

上托。眼看　地扭轉，兩腿交叉相疊，右膝接近左腿膝窩

右拳。　　　成高歇步；左拳變掌經體前下落，收至腰

　　　　　　間，掌心向上，右掌經耳側向前推出，高與

　　　　　　胸平，掌心向前。眼看右掌。

【要點】

　　①左腳向外撇轉時，應原地提起，然後橫落體前。轉身和上
步要保持上體正直，不要歪扭。歇步時，兩腿半蹲，後膝接近前
膝窩處，重心略偏於前腿。

　　②跟步推掌過程中不要上下起伏，要連貫沉穩。

（3）歇步推掌

「白蛇吐信」定式

　　重心前移，右腳提起向前上一步，腳尖外撇，上體右轉，左腳跟隨轉體離地扭轉，兩腿交叉相疊成高歇步；左掌向後、向上捲收並經耳側向前推出，掌心向前，高與胸平，右掌翻轉，向下、向後收至腰間，掌心向上。眼看左掌。

【用意】

　　①設對方由後方向我襲來，用手抓我肩或捏脖子，我則向左後猛轉身，先以左肘後搗，使其不得勢而後撤，我以左反背捶擊其面，隨後以右掌推擊其胸部。此爲轉身「白蛇吐信」。

　　②若對方緊握我右手腕時，我則向下沉肘腕外旋解脫，帶其前撲，趁勢以左掌撲其面或穿擊其喉部；同時左腳橫跺其前腿脛骨。此爲「左白蛇吐信」。

15.拍腳伏虎

〔拍腳伏虎左勢〕

（1）上步舉掌　　　　　　（2）踢腿拍腳

重心前移，左腳向前墊步；左掌向左下方畫弧，右掌向後、向上畫弧，停於頭右側，準備拍腳。眼向前平視。

左腳落實，左腿支撐，右腳向前、向上踢出，腳面自然伸平；右掌向前擊拍右腳面，左掌向後、向上畫弧平舉於身體左後方，掌心向外，高與肩平。眼看前掌。

【要點】

拍腳前，兩臂動作要與上步協助配合，不可上下脫節，也不要挺胸直臂。拍腳時，支撐腿微屈站穩，拍腳高度因人而異，不可彎腰憋氣強求高度。拍後，先折收小腿再蓋步落地。落地要輕緩。不要故意騰空縱跳，落點不要太遠，應偏於側前方。拍腳後，也可向身後插步落地，隨之向體側撤步轉體，接做伏虎勢。插步練法也要求落腳輕緩，移動平穩。

（3）蓋步擺掌　　　（4）轉身握拳

　　右腳向左前方蓋步落下，左腳在右腳落地之際隨即提起；同時兩掌一齊向右平擺，掌心均向下。眼看右掌。

　　左腳向左側（正北）落步，右腿蹬直成左弓步（向北）；兩掌隨左轉體經腹前向下、向左畫弧，邊畫弧邊握拳。眼看左拳。

【用意】

　　①設對方用右拳向我胸擊來（或用右腳踢我腹部），我則上左步以左手向左下摟其手臂或腳；同時用右腳踢對方襠部，右手撲擊其面。

　　②設對方用左手向我胸部擊來，我則以左手黏其腕，右手黏其右肘向左後下方挒去；同時右腳向左蓋步，挒其前撲，趁勢我上左步左手鬆開變拳橫擊其頭部。此為「拍腳伏虎左勢」的用意，「拍腳伏虎右勢」用意與左勢相同，唯左右相反。

（5）弓步貫拳

（1）扣腳穿掌

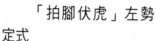

「拍腳伏虎」左勢定式

上式不停，左拳向右屈肘平貫，停於左額前，拳心斜向外，右拳向左平貫，停於左肋前，拳眼斜向下，鬆腰、鬆胯。眼轉看右前方（正東）。

重心後移，左腳尖內扣，上體右轉；同時兩拳變掌，左掌收於胸前，掌心斜向上，右掌掌心斜向下，從左前臂上方穿出。眼平視前方。

（2）上步舉掌

　　左腳落實，重心移於左腿，右腳提起經左腳內側向前（正東）墊步；左掌向下、向後、向上畫半個立圓，至頭左側，掌心向前，準備拍腳；右掌向前、向下畫半個立圓，停於右胯旁，眼向前平視。

（3）踢腿拍腳　　　　（4）蓋步擺掌

右腿支撐，左腿向前、向上踢出，腳面伸平；左掌向前擊拍左腳面，右掌向後、向上畫弧，平舉於身體右後方，高與肩平，掌心向外。眼看左掌。

左腳向左前方蓋步落下，右腳在左腳落地之際隨即提起；同時兩掌一齊向左平擺，兩掌心向下。眼看左掌。

（5）轉身握拳　　　　　　　（6）弓步貫拳

右腳向右側（正南）落步，右腿屈膝成右弓步（向南）；兩掌經腹前向下、向右畫弧，逐漸變握拳。眼看右拳。

「拍腳伏虎」右勢定式
上式不停，右拳向左屈肘平貫，停於右額前，拳心斜向外。左拳向右平貫，停於右肋前，拳心斜向下。鬆腰、鬆胯，眼轉看左前方（正東）。

16.左撇身捶
（1）扣腳穿掌
（2）橫步伸臂

重心後移，右腳內扣，上體左轉；同時右拳變掌，掌心斜向上，收於胸前，左拳亦變掌，掌心斜向下，從右前臂上向前穿出。眼向前看。

右腳踏實，身體重心移於右腿，左掌微向上、向前畫弧，掌心向下，右掌向下、向後畫弧收至右胯前，掌心向上。眼看左掌。

【要點】

撇拳前，右腳內扣不要過大，左掌應向正東方向穿出。回收時，兩手交叉畫圓，左掌邊收邊握拳，不要做成捋的動作。整個動作要注意腰的轉動，做到周身協調完整。

（3）收腳落拳

上體右轉，左腳收至右腳內側；左掌下落握拳收至小腹前，拳心斜向內，拳眼向右，右掌向後、向上再向體前畫弧、翻掌向下附於左前臂內側（掌心同側）。眼看右前方。

（4）弓步撇拳

「左撇身捶」定式

上體微左轉，左腳向前左前方（東北）邁出一步，重心前移成左弓步；左拳上提經面前向前撇打，拳心斜向上，高與頭平，右掌仍附於前臂內側。眼看左拳。

【用意】　設對方用左手向我胸部或面部擊來，我則以右手向左格其臂。若對方再以右拳向我腹部擊來，我則以左手黏其肘部，右手黏其腕，向右後下方捋去使其前撲，若對方向後掙脫，我左臂屈肘向上向前甩小臂，以拳背扣擊其面部，右手扶左臂以助力。

17.穿拳下勢

（1）坐身分掌　　　　　　（2）合拳收腳

重心後移，左腳尖翹起外展，上體稍左轉；左拳變掌向上、向左畫弧，右掌向下、向右畫弧，兩掌心皆向下。眼看左掌。

上式不停，左腳落實，重心前移，右腳收於左腳內側，兩掌繼續畫立圓，同時逐漸握拳，左拳拳心向內收於腹前，右拳拳心內合於面前。眼向前看。

【要點】

①左腳尖外展不要過大。右腳提收後可稍點地停頓。仆步方向應爲正東偏南。仆步時，要先屈蹲左腿；隨之右腿向右側仆出（不要用右腳跟擦地滑出），然後轉體穿拳。兩腳要全腳踏實，腳跟不可掀起，老年人可以放高姿式，左腿半蹲做成半仆步。

②穿拳下勢時，上體保持正直，不要過於前傾撅臀。

（3）蹲身穿拳　　　　　　（4）仆步穿拳

右臂掩肘下落，左拳從右前臂外側上穿；同時左腿屈蹲，右腳向右側（正東偏南約 30°）伸出成右仆步。眼看右前方。

「穿拳下勢」定式

上體右轉，右拳經腹前沿右腿內側向右前方穿出，左拳向左後方伸展，兩拳拳眼均轉向上。眼看右拳。

【用意】

①設對方用左手向我面部擊來，我則以左手向上掤架並黏其腕向左平帶；同時右手橫掌擊其肋部。

②如對方用右手抓握我右手腕時，我則以右臂屈肘下沉，左手緊貼右小臂外側向上，利用兩臂的挫勁解脫，隨之左手刁其腕往上向左捋帶；同時右腿撲步蹲身以右拳臂挑擊對方襠部。

18.獨立撐掌

（1）弓步挑拳

（2）提腳穿掌

重心前移，右腳尖外展，左腳尖內扣，左腿微伸直；同時右拳略向上挑，左掌稍向下落，兩拳拳眼仍向上。眼向前看。

右腳蹬地，左腳提起，右拳變掌微內旋，左拳變掌下落經腰側向前、向上方穿出，掌心向內。眼向前看。

【要點】

①獨立步時，支撐腿微屈，膝部不要僵挺。向上穿掌時，要配合腰部輕輕旋轉。撐掌時，上體保持正直，頭向上頂，全身鬆沉。

②支撐腳要五趾抓地，頭用意上頂，兩臂均勻對稱分撐，使身體保持平穩。

（3）獨立撐掌　　　　　（4）提腳穿掌

「獨立撐掌」定式

身體起立，右腿微屈站穩，左腿屈膝提至體前，腳面展平，成右獨立步；同時右掌按於右胯前，指尖向左，左掌從右前臂內側上穿並翻掌撐於頭前上方，指尖向右，掌心斜向上。眼向前看。

左腳向前（偏左）落步，上體微右轉；同時右掌向右後回帶，右掌隨之下落，接著重心前移，左腳蹬地，右腳收提，右前臂外旋，使掌心向內經體前從左前臂內上穿，眼看左掌。

【用意】　設對方用左手向我胸部擊來，我則以右手黏其腕向下沉採，而對方又用右手擊我面部，我以左手向上架其右臂，隨之提左膝頂擊對方襠部或小腹。此爲「右獨立撐掌」用意，「左獨立撐掌」用意與右勢相同，唯左右相反。

（5）獨立撐掌

「獨立撐掌」定式

　　身體起立，左腿微屈站穩，右腿屈膝提至體前，腳面平展，成左獨立步；左掌按於左胯前，指尖向右，右掌外翻撐於頭前上方，指尖向左，掌心斜向上。眼向前看。

19.右單鞭

（1）撤步伸掌　　　　　　　　（2）坐身下挒

右腳後撤一步，左腿屈蹲成左弓步；同時右掌向前、向下落，掌心轉向上，左掌自右前臂上方向上、向前伸，掌心向下。眼看左掌。

重心後移，兩掌自體前向下、向後一齊挒回，收至腹前。頭隨體轉。

【要點】

弓步方向應略偏向西北。胸部舒展內含，肘、肩都要鬆沉，手臂不要僵直，兩臂不要伸成一條直線，推掌要走弧形，邊翻邊推，並與轉腰相配合，到終點時鬆肩塌腕，向下沉勁。

（3）舉臂翻掌　　　　　　　（4）弓步掤臂

　　左掌經腹前翻轉上舉，
高與胸平，掌心向內，右掌
同時翻轉上舉，掌心向前，
掌指附於左腕內側。

　　重心前移，左腿屈膝前
弓，上體左轉；左掌自右向
前畫平圓，高與肩平，掌心
斜向內，右掌掌指附於左腕
內側隨之畫圓。眼隨左掌。

【用意】

　　①設對方用右手向我胸部擊來，我則以右手黏其腕，左手黏
其肘，雙手向後下方捋其臂，若對方後撤掙脫，我隨之貼其身，
以左手臂掤擊之。

　　②設對方用右掌打我嘴巴，我以左手臂向外阻擋其手臂，隨
之以左掌撲或勾撮其面部。

　　③設對方用右手向我右側擊來，我則以右轉身上右步，以右
臂向右格其臂以右掌按擊對方右肩或面部。

（5）坐身屈肘　　　　　　　（6）勾手收腳

重心後移，左腳尖翹；左掌繼續屈肘向左、向後畫平圓，掌心轉向上，右掌隨之轉動。眼看左掌。

左腳尖內扣落實，重心移至左腿；左掌隨左前臂內旋向左前方按出，隨之變成勾手，右前臂微外旋，右掌掌心轉向內，收於左肘彎處；同時右腳回收於左腿內側。眼看左勾手。

（7）弓步推掌

20.右雲手

（1）轉身扣腳

「右單鞭」定式

上體稍右轉，右腳向右前方（正西稍偏北）邁出，重心前移成右弓步，右掌隨轉體慢慢翻掌並向前推出，掌指向上，掌心向前，指高與鼻平，右肘右膝上下相對。眼看右掌。

上體左轉，重心移向左腿，右腳尖內扣；右掌向下、向左畫立圓至左肩前，掌心向內。眼看左勾手。

（2）轉體雲手

　　右掌經面前向右繼續畫立圓，掌心向內，左勾手變掌，向下經腹前畫立圓，同時左前臂外旋，掌心由外逐漸轉內；身體重心漸漸移向右腿。上體和視線均隨右掌轉動。

　　【要點】　兩腳要平行向右移動。兩腳要橫向開步和關步時，兩腳要虛實分清，輕提輕落，腳前掌內側先著地。整個動作要均勻、平穩、連貫，以腰為軸，以腰帶臂，上體要保持正直。兩掌雲轉時，上掌指尖高不過眉，下指尖低不過襠，翻掌不可突然。

（3）收腳翻掌　　　　## （4）轉體雲手

「右雲手」定式

上體繼續右轉；右掌畫到身體右側，前臂內旋，掌心轉向外，左掌向上畫弧至右肩前，掌心向內；同時左腳向右腳收攏成小開立步，兩腳相距 10～20 公分，腳尖向前。眼看右掌。

上體左轉，重心移至左腿；左掌經面前向左，右掌經腹前向左，同時畫立圓。上體和視線均隨左手移動。

【用意】

設對方用右手向我胸部擊來，我以右小臂滾擋其臂，趁勢以右掌按擊對方右肩背。

另外還可以設對方用右手向我面部擊來，我則以右手黏刁其腕向右後方捋帶，趁勢左手按擊其右肩背使對方失去重心。此勢為右手臂「雲手」的用法，左手臂「雲手」的用法，與右手臂相同，唯方向相反。

（5）開步翻掌 　　　　（6）轉體雲手

上體繼續左轉，右腳側跨一步，腳尖仍向前；兩掌雲至身體左側時逐漸翻轉，左掌心翻轉向外，右掌心翻轉向內。眼看左掌。

上體右轉，重心移至右腿，左腳收併，兩腳相距10～20公分。右掌經面前向右，左掌經腹前向右，同時作立圓雲轉，雲至身體右側時，兩掌逐漸翻轉。上體和視線隨右手轉運。

（7）收腳翻掌　　　（8）轉體雲手

「右雲手」定式　　參見（4）

（9）開步翻掌　　　（10）轉體雲手

參見（5）　　　　　參見（6）

（11）收腳翻掌

21.右左分鬃

（1）抱轉提腳

「右雲手」定式

重心移至左腿，上體左轉；兩掌繼續向左雲轉，至體前時，兩掌翻轉相對成「抱球」狀；同時右腳輕輕提起。眼看左掌。

（2）弓步分掌　　　　　（3）轉身抱球

「右分鬃」定式

上體微右轉，右腳向前（偏右）邁出一步成右弓步（兩腳橫向距離約30公分）；兩掌隨轉體分別向右上和左下分開，右掌指高與眼平，掌心斜向上，左掌按於左胯旁，掌心向下，指尖向前。眼看右掌。

上體後坐，右腳尖外展，上體微右轉；右臂內旋使掌心向下，左臂外旋，掌心向上，兩掌右上左下在胸前「抱球」；同時左腳收於右腳內側。眼看右掌。

【要點】　左右分鬃較前掤動作更開展一些，前臂稍向外斜，腰扭轉幅度也較大，所以，兩腳跨度應加大一些。弓步時，分掌和弓腿要協調一致，後腿邊蹬直腳跟邊外展，兩腳夾角在 45°～60° 之間，類似動作皆應如此處理。

（4）弓步分掌

「左分鬃」定式

上體左轉，左腳向前（偏左）
邁出一步，成左弓步（兩腳橫向距
離約30公分）；兩掌隨轉體分別
向左上和右下分開，左掌指高與眼
平，掌心斜向上，右掌按於右胯
旁，指尖向前。眼看左掌。

【用意】　設對方用左手向我左胸部擊來，我則左轉身閃過
其手，以左手刁其腕；同時右腳向其身後上步，我以右手臂經其
腋下，穿至胸前向右上方靠擊對方。此爲右分鬃，左分鬃用意與
右相同，唯方向相反。

22.高探馬
（1）跟步舉臂　　　　　　　　（2）虛步推掌

右腳跟進半步，腳前掌落地；左掌微外展，右掌自下向後平舉，高與肩平，掌心轉向上。眼向前平視。

「高探馬」定式

重心後移，踏實右腳，上體微向右再向左轉，左腳稍向前墊步，腳前掌著地，成左虛步；左掌下落收至腰前，掌指向前，掌心向上，右掌捲收經耳旁向前推出，掌心斜向前，掌指高與眼平。眼看右掌。

【要點】　跟步、坐腿和墊步時，腰部都要自然地微微左右轉動，防止俯身、撅臀和高低起伏。定式時，左肘不要過於後收超過身體。要虛腕不能挾肘。

【用意】　設對方用左手緊握我左腕，我則屈臂沉肘，向後牽帶使對方向我接近，我以右掌搓擊其面部。

23.右蹬腳

（1）轉身帶掌　　　　　　（2）上步穿掌

上體右轉，左腳輕輕提起；右掌向右後帶，左掌掌心翻轉向下，並向左、向前畫弧。

左腳向左前方上半步，腳跟著地；同時左前臂外旋，掌心向上，稍向後收，右掌自左前臂上方突出。眼看右掌。

【要點】

①蹬腳前，兩掌的轉換要與腰部的旋轉相配合，掌運轉路線（平圓、立圓）要銜接，動作要圓活。兩掌與蹬腳同時向斜前、斜後弧形撐開，不可直推猛撐。蹬腳時，要勻要穩，上體保持自然正直，不要彎腰低頭，憋氣勉強。

②蹬腳撐掌，意念在支撐腳上將身體重心全部置於左腳。做到姿式沉穩。

（3）弓步分掌　　　　　（4）收腳搭腕

　　左腳落實，重心
前移，左腿前弓；
右掌向上、向前畫
圓。左掌向下、向
後畫圓，右掌心向
下，左掌心向上。
眼看右掌。

　　右腳收於左腳內側，腳尖點
地（也可不點地），腰部微向左
再向右旋轉；右掌向下，左掌向
上同時繼續畫圓，至胸前時兩腕
相交，兩掌合抱成十字手，舉於
胸前（右掌在外），掌心均向
內。眼看右前方。

【用意】

　　①設對方先用左手向我胸部擊來，我以右手由左黏其臂向右
後捋帶，對方又用右手向我胸部擊來，則我又以左手臂由左向右
攔截其臂，隨即用右手橫掌砍其頸部。

　　②對方用右腳踢我腹部，我則以左轉身並以右手臂由上向下
向左掛開其腿，隨之以右掌擊其面或胸部，並起腳蹬對方腹部或
肋部。

（5）蹬腳撐掌

24.雙峰貫耳
（1）屈膝落掌

「右蹬腳」定式

左腿微屈站穩，右膝提起，右腳向右前方（西偏北約30°）慢慢蹬出，腳尖回勾，力在腳跟；兩掌分別向右前和左後方畫弧撐開，肘部微屈，腕與肩平，掌心向外，右臂、右腿上下相對。眼看右掌。

右小腿收回，右膝平屈，腳尖自然下垂；左前臂外旋，左掌由後向上、向前畫弧下落，右掌掌心翻轉向上與左掌同時平行落於右膝上。眼向前平視。

（2）落腳握拳　　　　　（3）弓步貫拳

　　右 腳 向 前 方（西偏北約 30°）落下，腳跟著地；兩掌下落，經兩胯旁慢慢握拳。眼看前方。

「雙峰貫耳」定式

　　右腳落實，重心前移成右弓步；兩拳分別從兩側向上、向前貫出，高與耳齊，兩拳眼斜向下，相距約一頭寬，兩臂成鉗形，眼看前方。

【要點】

　　①不可低頭弓腰，聳肩揚肘。方向與右蹬腳一致，皆爲西偏北。

　　②落腳握拳過程中，右腳下落的同時左腿屈膝微蹲，保持協調平穩。

　　③落腳握拳定式的方位也可偏西北 45° 落右腳。

【用意】　設對方迎面雙手將要抱我腰時，我則兩手由上向下經其兩手臂中間分別向左右分撥其手臂，同時右腿提膝頂其襠（或腹部），當對方收腹後撤時，我落腳進步兩手變拳貫擊對方雙耳或太陽穴部位。

25.左蹬腳
（1）坐身分掌　　　　　　　（2）收腳抱掌

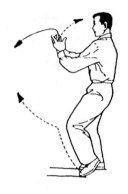

　　重心後移，右腳尖翹起微外展；兩拳變掌向左右同時分開，掌心皆向外。眼看左手。

　　重心前移，左腳收於右腳內側，腳尖點地（也可不點地），腰微向右再向左旋轉；同時兩掌分別左、右側向下、向內畫弧，在胸前交叉抱成斜十字形（左掌在外），掌心均向內。眼看左前方。

【要點】
①同右蹬腳，唯左右相反（方向為西偏南）。
②坐身分掌過程中，右腳尖也可內扣，足尖向正西。
【用意】　設對方用左腳踢我腹部，我則微右轉身以左手臂掛開其腿，隨之以左掌還擊其面部，並起左腳蹬踹對方腹部或肋部。

（3）蹬腳撐掌

26.掩手撩拳
（1）落腳舉掌

「左蹬腳」定式

右腳微屈站穩，左膝提起，左腳向左前方（西偏南約30°）慢慢蹬出，腳尖回勾，力在腳跟；兩掌向左前和右後同時畫弧撐開，肘部微屈，腕與肩平，左臂、左腿上下相對。眼看左掌。

左腳收回落於右腳側，腳尖點地，上體微向右轉；兩掌自兩側向上、向內畫弧，舉於頭前；同時右掌變拳，兩手心均向內。眼看前方。

（2）邁步擰腰　　　　（3）弓步撩拳

左腳向左前方（西南）邁出一步，腳跟著地，上體向右擰轉，兩臂外旋，同時向懷中掩裹下落至右腰間，右拳落於左掌心中，手心均向上。眼看右前下方。

「掩手撩拳」定式

上體左轉，重心左移，左腿前弓，右腿蹬展，成左弓步；左掌隨左轉腰握拳收至左腰間，拳心向上；右拳隨上體左轉，向前（正面）直臂撩出（也可快速發力撩彈），拳高與腹平，拳面斜向前下。眼看右拳。

【要點】　步型為左弓步（方向西偏南），撩拳方向為正西，撩拳後要鬆肩、垂肘、順肩。如果採取快速發力練法，要注意周身完整，腰腿發力，弓步斜向和順肩程度較前稍大。前臂彈抖要快速鬆展，前後銜接，圓活自然，氣勢貫穿。

【用意】　設對方右手向我胸部擊來，我左臂屈肘立小臂向右、向下、向左掩裹其手臂，順勢上左步近身以右拳撩擊對方襠部。

27.海底針

（1）坐身提掌　　　　　（2）虛步插掌

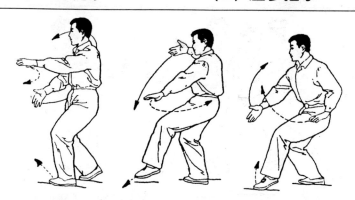

右腳跟進半步在左腳側後方落下，腳前掌先著地，然後全腳踏實。上體右轉，身體重心後移至右腿，左腳輕輕提起；左拳變俯掌向左、向前畫平弧；右拳變側掌下落，經體右側向上抽提至右耳旁。眼看前方。

「海底針」定式

上體左轉；右手從耳側向前下方插掌，指尖斜向前下，掌心向左；左手向左畫弧按於左胯旁，指尖向前；左腳向前移半步，腳前掌著地成左虛步。塌腰、沉肩。眼看前下方。

【要點】　①跟步和坐腿時，要配合腰部自然旋轉。定式時，右肩前順，上體可稍前傾但不能撅臀。

②海底針用兩手臂的運動路線實際上應是左手在左側畫平圓，右手在右側畫立圓的動作過程。

【用意】　設對方用右手緊握我右手腕向下採拉時，我趁其勢右臂放勁、提腕；同時我以左手臂向下壓折其臂解脫，隨即以右掌指穿插對方腹部。

28.閃通臂

（1）抬腳提掌	（2）弓步推掌

上體微右轉。左腿提起；兩掌上提，左掌指靠近右腕內側。眼看前方。

「閃通臂」定式

左腳前落，重心前移成左弓步；右掌經面前翻掌上撐停於右額旁，掌心斜向上，指尖向左；左掌經胸前向前推出，掌心向前，高與鼻平。眼看左掌。

【要點】

①提手時，不要聳肩吊肘。定式時，要向前、向下鬆腰。右胯不要外敞。

②弓步推掌過程中，左手推掌，右手翻掌，重心前移成弓步時，要邊推、邊翻、邊弓步協調一致。

【用意】 設對方用右手向我胸部擊來，我則以右手反刁其腕向我頭的右後方捋帶；同時上左步進身以左掌擊對方脇或胸部。

29.右左分腳

（1）扣腳轉體　　　　　　　（2）收腳抱掌

重心後移，左腳尖充分內扣，上體右後轉；兩掌向兩側畫弧，掌心向外。眼看右前方。

重心左移，收回右腳，腳尖點地（也可不點地）；兩手向下再向體前畫弧，在腹前交叉後再合抱於胸前成斜十字形（右掌在外），掌心均向內。眼看右前方（正東偏南）。

【要點】　參看右蹬腳。

【用意】

①設對方用右腳從我身右後向我腰部踢來，我則向右後轉身，收右腳閃開；同時以右手臂由上向下向左掛開其腳。

②若對方從我右側用右手擊我頭部，我則以右手臂向右上擋握其臂腕，同時起右腳以腳尖點其右脅或向右擺腿橫踢其後腰。

③若對方用右手抓握我右手腕，我右臂向下向後抽拉，同時以左手沿右臂上方順勢撲擊對方面部。

④左分腳用意同右分腳，唯左右相反。

（3）踢腳撐掌　　　　（4）落腳穿掌

左腿微屈站穩，右膝提起，右腳向右前方（正東偏南）慢慢踢出，腳面平展；兩掌同時向右前方和左後方畫弧撐開，掌心皆向外，腕高與肩平，肘部微屈，右臂右腿上下相對。眼看右掌。

右小腿屈收，右腳向右前方（東南）落下，腳跟著地；右前臂外旋，右掌心轉向上並稍向內收；左掌下落經左腰側向前、向上畫弧並從右前臂上穿出，掌心向前。眼看左掌。

（5）弓步分掌　　　　（6）收腳搭腕

　　右腳落實，重心前移，左腿蹬直，左掌向上、向前畫弧，掌心向下；右掌向下、向後畫弧，掌心向上。眼看左掌。

　　左腳收至右腳內側，腳尖點地（也可不點地），腰微向右再向左旋轉。左掌向下，右掌向上同時繼續畫圓弧，至胸前時，兩掌腕部交叉合抱成斜十字形（左外右內），掌心皆向內。眼看右前方。

（7）踢腳撐掌　　　30.摟膝拗步
　　　　　　　　　　　（1）落腳舉掌

「左分腳」定式

　　右腿微屈站穩，左膝提起，左腳向左前方（正東偏北）慢慢踢出，腳面平展，兩掌同時向左前和右後方畫弧撐開，掌心皆向外，腕高與肩平，肘部微屈，左臂左腿上下相對。眼看左掌。

　　左小腿屈收，左腳落於右腳內側，上體右轉；右掌翻轉上舉，高與頭平，左掌隨轉體向上、向右畫弧落於右肩前，掌心朝下。眼看右掌。

（2）弓步推掌　　　　　（3）坐身蹺腳

　　　「摟膝拗步」定式

　　上體左轉，左腳向前（偏左）邁出一步，重心前移成左弓步（兩腳跨度約30公分）；左掌下落經左膝前摟過，按於左胯旁，掌指向前；右掌屈收經耳側向前推出，掌心向前，高與鼻平。眼看右掌指。

　　重心後移，左腳尖翹起外展，上體左轉；兩臂外旋，右掌心轉向左，左掌心轉向上。

【要點】

①推掌時，肩略向前順，鬆腰、沉肩，上體正直。

②參閱前左摟膝拗步。

【用意】　其用意與第一段「左摟膝拗步」相同。

（4）收腳舉掌　　　　（5）弓步推掌

上體左轉，重心移至左腳，右腳收於左腳內側，左掌翻轉上舉，右掌隨轉體向上向左畫弧於左肩前，掌心向下。眼看左掌。

「摟膝拗步」定式

上體右轉，右腳向前（偏右）邁出一步，重心前移成左弓步；右掌按下落經右膝前摟過，按於左胯旁，掌指向前；左掌屈收經耳側向前推出，掌心向前，高與鼻平。眼看左掌指。

31.上步擒打
（1）坐身穿掌　　　　　　　　（2）轉身抹掌

重心後移，右腳尖翹起並外展，左掌翻向上並微向後收，右掌屈肘從左前臂上向前穿出，掌心斜向外，眼看前方。

右腳落實，重心前移，身體右轉，右掌自左向前、向右抹掌畫弧，左掌向右、向後畫弧，收於腹前。眼看右掌。

【要點】穿掌外抹兩掌畫弧要連貫圓活。腰部先向右轉再向左轉將右拳打出。

【用意】

①設對方用左手緊握我左手腕，我則後坐沉肘、翻腕，帶其近身，以右手沿左臂上方橫砍對方頸部。

②若對方用右手向我胸部擊來，我左手向下扣壓其腕；同時以右拳擊對方胸部。

（3）上步握拳　　　（4）弓步打拳

左腳提起向前一步；
右掌向外畫弧，再握拳收
於右腰間，拳心向上，左
掌向左再向前畫弧，扣腕
握拳停於體前，拳心向
下，拳眼斜向內，高與肩
平。眼看左拳。

「上步擒打」定式

左腳落實，重心前移
成左弓步；右拳自腰間向
前打出，拳眼向上，高與
肩平；左拳微向後收於右
腕下方，拳心向下。眼看
右拳。

32.如封似閉

（1）跟步變掌   （2）坐身收掌

右腳跟進半步，腳前掌著地；同時兩拳變掌，掌心斜向上。眼向前平視。

重心後移，右腳落實，左腳提起，兩掌慢慢分開收至胸前（與肩同寬），掌心向內，指尖相對。眼向前平視。

【要點】 兩掌後收時，要邊收邊分邊翻轉，並以兩肘牽引，不要肘部不動，前臂揚起向後捲收，但不要挾肘過分後收。重心移動要虛實清楚，按掌和弓腿要協調一致，同時到達終點。

【用意】 設對方雙手向我胸部擊來，我則以兩掌向其兩手臂之間左右分開，上步進身，復向前還擊，推按其胸部。

（3）弓步按掌

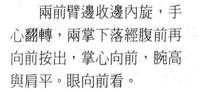

　　兩前臂邊收邊內旋，手心翻轉，兩掌下落經腹前再向前按出，掌心向前，腕高與肩平。眼向前看。

「如封似閉」定式

33.左雲手

（1）轉體雲手　　　　　（2）轉體雲手

　　重心後移，左腳尖內扣；上體右轉，右掌自左向右經面前畫立圓，掌心向外；左掌自左經腹前向右畫立圓，掌心由外轉向內。上體及視線隨右掌轉動。

　　上體左轉，重心移至左腿，右腳收於左腳內側落地，兩腳相距 10～20 公分，腳尖皆向前；同時左掌掌心向內，自右經面前向左立圓雲轉，掌心由外轉向內。上體及視線均隨左掌轉動。

　　【要點】　同右雲手，唯進行方向向左。第三次收右步時，注意內扣右腳，以便於轉接下個動作。

　　【用意】　其用意與第四段「右雲手」相同。

（3）收腳翻掌 　　　　　　（4）轉體雲手

「左雲手」定式

上體右轉，重心移向右腿，左腳向左側跨出一步，腳尖仍向前；右掌經面前向右立圓雲轉。雲至身體右側時，兩掌逐漸翻轉。上體及視線隨右掌轉動。

（5）開步翻掌　　　　（6）轉體雲手

　　上體左轉，重心移至左腿，右腳收至左腳內側（兩腳距離 10～20 公分），腳尖皆向前；同時左掌經面前向左立圓雲轉；右掌經腹前向左立圓雲轉，雲至身體左側時，左掌心轉向外，右掌心轉向內。上體及視線均隨左掌轉動。

（7）收腳翻掌　　　（8）轉體雲手

「左雲手」定式　　　　參見（3）。

（9）開步翻掌　　　（10）轉體雲手

參見（4）。唯最後收併
右腿時，右腳內扣約 45°。

（11）收腳翻掌

「左雲手」定式

重心右移，左腳向身後
（西北）撤一步，右腿弓屈成
右弓步；左掌翻轉，掌心朝
上，向體前畫弧回收於腹前；
右掌掌心翻轉朝前下，經左前
臂上方向前伸探，停於體前，
高與肩平。眼看右掌。

（2）收腳落拳　　　　（3）弓步撇拳

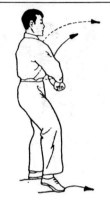 

重心後移於左腿，右腳收至左腳內側，腳尖點地，上體左轉；右掌下落變拳收到小腹前，拳心向內，拳眼向左，左掌向左、向上向體前畫弧，翻掌向下附在右前臂內側。頭隨身轉，目視前方。

「右撇身捶」定式

身體重心微右轉，右腳仍向原地（東南）邁出，重心前移，右腿屈膝，左腿伸直，成右弓步；右拳上提經左胸前向前向上撇出，拳心斜向上，高與頭平；左掌附於右前臂內側一起向前撇出。眼看右拳。

【要點】　方向爲東南。步型成右弓步，兩腿不要歪擰、交錯，其他參考左撇身捶。

【用意】　其用法與第三段「左撇身捶」相同。

35.左右穿梭

〔左穿梭〕

（1）坐身穿掌　　　　　　　　　（2）轉身抹掌

重心後移，右腳尖翹起內扣，上體微左轉；左掌自右前臂上穿出，掌心斜向下，右拳同時變掌，微向後收，掌心斜向上。

上體再稍左轉，右腳落實，重心移於右腿；左掌向左前方抹掌，右掌收於左肘內肘下方，兩掌心斜相對。眼看左掌。

【要點】　手腳動作配合要協調，應大體做到：扣腳（扣到和中線大體平行）和穿掌一致；弓腿和抹掌一致：下捋和收腳一致；翻掌向前畫平圓與上步弓腿一致；向後畫平圓和跟步一致；翻掌和後坐一致；前推、上架和上步弓腿一致。定式方向分別為東北和東南。步型為拗弓步，跨度應保持30公分左右。上體要直，胯要正，防止吊肘、歪身、扭胯。

（3）收腳後将　　　　（4）弓步掤臂

上體右轉，兩掌自前向下将回，右掌将至右胯旁，掌心向上，左掌将至腹前，掌心斜向下；同時左腳收至右腳內側。眼看右前方。

左腳向左前方（東北）邁出一步，重心前移成左弓步；左前臂外旋，右前臂內旋，兩掌上提至胸前，右掌指輕附於左腕內側，隨重心前移自右向前畫平圓，左掌心斜向上，右掌心斜向下，高與肩平。眼看左掌。

【用意】

①設對方用右手向我胸（腹）部擊來，我則以右手黏握其腕，左手黏探其肘彎部，向右後方将帶其臂。

②設對方用右手向我頭部擊來，我則先以左手臂屈肘向上向左掛帶其臂，然後翻掌架按其手臂；同時進步以右掌推擊對方胸部。此為左穿梭的用意，右穿梭的用意與左穿梭相同，唯左右相反。

（5）跟步屈肘　　　（6）提腳翻掌

　　上體左轉，左臂屈肘，左掌向左、向後畫平圓，掌心斜向上；右掌仍附於左腕內側；右腳同時向前跟進半步，腳前掌著地。眼看左掌。

　　右腳落實，重心後移於右腿，左腳提起，上體右轉，右掌自左前臂內側收於胸前，左前臂內旋，左掌翻轉，掌心斜向前。眼看右前方。

（7）弓步架推　　　　　（8）坐身穿掌

「左穿梭」定式

左腳向前（東北）邁出一步，左腿屈膝成左弓步（兩腳橫向距離約 30 公分），上體左轉，左掌上架於左額前上方，掌心斜向上，右掌向前推出，掌心朝前，高與鼻平。眼看右掌。

重心後移，左腳尖翹內扣，上體右轉，左臂外旋使手心斜向上，落於體前；右掌微回收再從左前臂上穿出。

〔右穿梭〕
（1）轉身抹掌　　　　　　（2）收腳後捋

　　左腳落實，重心前移於左腿，上體稍右轉，右掌向右前方抹掌，左掌收於右肘內側下方，兩掌心斜相對。眼看右掌。

　　上體右轉，兩掌自前向下捋回，左掌捋至左胯旁，掌心向上，右掌捋至腹前，掌心斜向下；同時右腳收於左腳內側。眼看左前方。

（3）弓步掤臂　　　（4）跟步屈肘

右腳向右前方（東南）邁出一步，重心前移成右弓步；兩前臂旋轉，兩掌向上收至胸前，左掌指輕附於右腕內側，隨重心前移自左向前畫平圓，右掌心斜向上，左掌心斜向下，高與肩平。眼看右掌。

上體右轉，左腳向前跟進半步，腳前掌著地；右臂屈肘向右、向後畫平圓；左掌仍附於右腕內側。眼看右掌。

（5）提腳翻掌　　　　　　（6）弓步架推

左腳落實，重心移至左腿，右腳微提，上體左轉，左掌收於胸前，右前臂內旋，右掌心斜向前。眼看右前方。

「右穿梭」定式

36.退步穿掌

（1）坐身落掌 （2）撤步穿掌

重心後移至左腿，右腳尖翹起，上體左轉，左掌向左、向後畫弧至左腰側，掌心向下，右前臂向外旋，右掌落於體前，掌心斜向左上。眼看右掌。

「退步穿掌」定式

右腳提起經左腳內側向後（正西）撤步，左腿屈膝成左弓步；右掌下按，落於左肘下方；左掌掌心翻轉向上捲收至腰間，再經右前臂上方穿出，高與眼平。眼看左掌。

【要點】

①坐腿要充分，收腳要輕，退步要穩，方向轉為正東。上下要配合，手的動作不要過快。

②在撤步穿掌過程中，穿掌與右腳後撤要協調一致。成弓步定式時，要塌腰、沉胯、沉肩、垂肘。

【用意】　設對方用手向我胸部擊來，我則右腳後撤，以右手向下按壓其手臂，以左掌經右掌上方穿擊對方喉嚨。

37.虛步壓掌

（1）轉身舉掌

（2）虛步壓掌

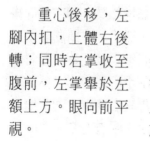

重心後移，左腳內扣，上體右後轉；同時右掌收至腹前，左掌舉於左額上方。眼向前平視。	「虛步壓掌」定式 重心後移至左腿，右腳提起，腳尖轉朝前成右虛步；上體向下鬆沉，微向前俯；左掌自上而下橫按於右膝上方，掌心向下，拇指向內；右掌按於右胯旁，掌指向前。眼看前下方。

【要點】 轉身成虛步時，右腳要稍向右調整移動，做到鬆腰鬆胯。壓掌時順肩轉腰，不要低頭彎腰，上體不要過於前俯。

【用意】 ①設對方由後用左腳向我腰部踢來，我則向右後轉身，以右手臂摟開其腿。②若對方又用手向我胸部擊來，我則以左掌由上向下按壓其手臂。

38.獨立托掌
（1）獨立托掌

39.馬步靠
（1）落腳旋臂

左腳蹬地，左腿微屈站穩，右腿屈膝提起，腳尖自然下垂，成左獨立步；同時上體左轉，右掌翻轉上托，舉於體前，掌心向上，腕高與胸平；左掌向左、向上畫弧，撐於體側，高與胸平，掌心向外，掌指斜向上。眼看掌。

右腳在體前橫落，重心移於右腿，上體右轉；右臂內旋，右掌向下、向右畫弧，左掌向上、向右畫弧。眼平視。

【要點】 ①蹬起、轉腰、托掌三者要協調一致。定式時鬆腰、含胸、沉肩、墜肘、沉腕。②上體正直，意念在支撐腿上，將身體重心置於左腳。做到姿式沉穩。

【用意】 設對方用左手向我胸部擊來，我則以左手由下向上向左刁其腕，並以右手由下向上托其肘，兩手向左後捋帶，使其前撲，趁勢我提右膝頂對方左腰或脇部。

（2）轉身提步　　　　（3）馬步靠臂

　　上體右轉，左　　　　「馬步靠」定式

腳提起收於右腳內　　　左腳向左前方（西南）上步，重

側；右掌翻轉向　　心略向前偏於右腿，上體稍左轉；左

上，並側舉至耳　　前臂下落經腹前向前靠出，停於左

側；左掌變拳，落　　側，拳眼向內，拳面向下停於左膝上

於胸前，拳心向　　方；右掌落於左肘內側，掌心向前，

下。眼看前方。　　推助左臂向前靠出也可短促發力。眼

　　　　　　　　看左前方（西南）。

　　【要點】　①向前墊步和上步時都應腳跟先著地，然後隨重
心前移全腳踏實。定式時，方向西南，腰向前、向下鬆沉，保持
樁步穩定上體正直，如採用發力練習法，要做到腰腿發力，周身
完整，小腹充實，快速整齊。半馬步兩腳夾角不要超過90°，重
心稍偏於後腿，要圓襠，後膝微向內合。
　　②半馬步定式時，要頭頂正直，沉肩拔背，兩肩圓撐。
　　【用意】　設對方右手向我胸部擊來，我以右手由上向下黏
握其腕，並以左手由下向上托其肘，上下合力擴其臂，若對方掙
脫，我上左步靠其身，以左肘頂擊對方右肋。

40.轉身大捋

（1）坐身轉掌　　　　（2）上步舉掌

重心後移，上體微右轉，左腳尖外展，左拳變掌，兩掌掌心同時轉向右並微向後收。眼看前方。

上體左轉，左腳落實，重心前移，右腳向前上步於左腳內側（兩腳平行，相距約10公分），身體稍向上站起，重心仍在左腿；兩掌同時向上提舉，高與肩平，右掌舉於身體右側，掌心向上，左掌屈肘提至體前，掌心向外。眼看右掌。

【要點】

①併步、轉體、撒步、平捋要銜接配合，以腰作軸。併步以後面向正南，撒步以後面向東南，後腳斜向東北。定式時，面向東北成橫襠步（兩腳平行向前，寬同弓步，左腿屈弓，右腿自然伸直），兩手由平捋轉為滾肘撅臂，向下沉勁。頭隨身體自然轉動。

②大捋定式時，要鬆腰沉胯、虛腋，不要屈肘挾臂。

（3）轉身平捋

右腳前掌為軸，腳跟外展，屈膝下蹲，身體重心移向右腿，上體左轉，左腳向後（西北）撤步；兩掌隨體轉向左平捋至體前，右掌伸向東南，高與肩平，左掌停於右肘內側，兩掌心斜相對。眼看右掌。

【用意】　設對方用左手向我胸部擊來，我則以左手由下向上向左反刁其腕，併上步以右手由下向上托其肘，隨即向左後轉身撤左步，雙手向左捋其臂，左手外旋擰其腕，右臂屈肘外旋，以小臂滾壓其肘。

（4）橫步滾肘

「轉身大捋」定式

　　上體繼續左轉，重心移向
左腿，右腳跟外展成橫襠步；
兩掌隨轉體向左平捋，同時逐
漸握拳，然後鬆腰、沉肩，左
前臂外旋，左拳收至腰間，拳
心向上，右前臂外旋滾肘下
沉，右拳高與胸齊，停於體
前，右臂半屈成弧形，拳心斜
向內。眼看右拳。

41.撩掌下勢

（1）轉身穿拳　　　　　　　　（2）轉身變掌

上體右轉，重心移向右腿；右臂屈肘向上畫弧，右拳停於右額前，拳心向外；左拳自腰間向身後穿出，拳心向後。眼看前方。

左腳尖外展，右腳尖內扣，重心左移，上體左轉，左拳翻轉變掌，自左向體前畫弧，掌心斜向下；右拳變掌向後、向下畫弧，掌心由後漸轉向前。頭隨體轉，眼看前方。

【要點】　撩掌以前，兩腳的展、扣要和身體轉動一致，左手在身後畫弧不要過大；跟步時，要合胯屈腿將右腳輕輕提起。下勢時，先撲出左腿，然後轉身穿掌，右腿要全蹲（老人可以半蹲），兩腳都要全腳著地，上體不可弓腰、低頭過於前俯。撩掌方向西北，下勢方向西偏南。

（3）丁步撩掌　　　（4）提腳勾手

右腳跟進半步停於左腳側後方，腳前掌點地成丁步；右掌經右胯外向前撩出，掌心斜向前，高與小腹平；左掌掌指輕附於右前臂內側，掌心斜向下，拇指向內。面向西北，眼看下方。

右腳落實，上體右轉，重心移於右腿，左腳輕輕提起；右掌向上、向右畫弧至身體右前方變成勾手，左掌仍附於右前臂內側並隨之轉動，然後收於右肘彎處，掌心向內。眼看右勾手。

【用意】

①設對方從前面雙手將我摟抱（我兩臂也被抱住），我則趁勢下蹲，向右擰身炸臂（兩臂屈肘內旋，右肘向右上，左肘向左下，猛力外撐）解脫。隨即向左轉身，右腳跟步，以右掌撩擊對方襠部。

②若對方用左手向我面部擊來，我則以右手刁握其腕向右上方捋帶其臂，趁勢上左步進身，以左手臂穿擊對方襠部。

（5）仆步穿掌

「撩掌下勢」定式

左腿向左側方（正西偏南）仆出，右腿屈蹲成左仆步，上體左轉；左掌下落經腹前順左腿內側向前穿出，掌心向右。眼看左掌。

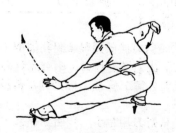

42.上步七星
（1）弓步挑掌　　　　　　（2）虛步架拳

重心前移，上體左轉，左腳尖外展，右腳尖內扣，右腿自然蹬直，左腿屈弓，左掌向上、向前挑起，高與肩平；右臂內旋下落，勾尖向上，停於身後。眼看左掌。

「上步七星」定式

右腳前上一步，腳前掌著地成右虛步；左掌變拳微向內收，拳心向內，右勾手變拳自後向前、向上架起，拳心向外，兩腕相交成十字拳（右拳在外），高與肩平，兩臂撐圓。眼看左拳。

【要點】　起身前，隨上體左轉，左腳尖盡量外展，右腳尖盡量內扣。起身時，合胯、提腿上步要輕勻平穩。定式時要沉肩垂肘、用意圓撐、含胸拔背、腰胯鬆沉。

【用意】　設對方用右手向我面部擊來，我則以兩小臂交叉成十字形架其臂；同時上右腳踢其脛骨或襠部。

43.獨立跨虎
（1）撤步掩掌
（2）虛步掩掌

右腳向右後撤一步，重心後移，上體右轉，右拳變掌向下、向右畫弧，停於右胯外側，掌心向下，左拳同時變掌隨身體右轉稍向右畫弧。

左腳提起微向右移動成左虛步，上體左轉，左掌向下經腹前再向左畫弧按於左胯旁；右掌向上畫弧經頭前再向下畫弧，落左腿側上方，掌心向上。頭隨身體轉動，眼向前平視。

【要點】　①定式時，右腿獨立，膝部微屈，左腿似直未直，自然地懸舉於體前略右內扣，高度因人而異。右手左腿大體上下相對。上體扭向西南，保持自然舒展。

②獨立挑掌動作過程中，右手上挑要與左腿上提同時一致。

【用意】　①設對方用右手向我胸部擊來，我則以左臂屈肘向右格擋其手臂。②若對方用左手向我胸部擊來，我則以右上屈肘向左格擋其手臂，隨即以右手背由下向前臂撩其下頦，同時以左腳撩踢對方襠部。

（3）獨立挑掌

「獨立跨虎」定式

右腿蹬地獨立，微屈站穩，左腿提起，膝部微屈，腳面平展，舉於體前；右掌向前、向上挑掌，掌心側向左，腕部高與肩平；左掌變勾手同時上提，舉於左後方，高與肩平。上體左擰，眼看左前方（西南）。

44.轉身擺蓮

（1）轉身落腳

（2）轉身穿掌

上體右轉，左腳在右腳外側扣腳落下，左勾手變掌，手心轉向上，自左後向前畫弧平擺，高與肩平；右掌翻轉向下、向右、向後屈肘平帶。眼平看前方。

兩腳前掌為軸，向右後轉體；左掌稍內收，右掌翻轉經腹前向左肘下方穿出，兩掌掌心皆朝上。頭隨體轉，眼平看前方。

【要點】

①扣步不要太遠，兩腿微屈，兩腳前掌碾地，身體旋轉270，上體不要搖晃，兩臂穿擺要和身體旋轉一致。擺蓮腳時，右腿上舉，上體微向前傾，但不可緊張。年老體弱者，手可不拍擊腳面。

②在轉身擺蓮動作過程中，支撐腿要屈，身體微微下降，鬆腰鬆胯以腰為主宰帶動四肢運轉。要協調連貫。

（3）轉身旋臂

身體繼續右轉至面向正南，右掌自左肘下穿出後向上、向右畫弧，同時右前臂內旋，掌心轉向右，舉於體右側，高與肩平；左掌自右臂內側收至右肩前，掌心亦轉向右。眼看右掌。

（4）擺腿拍腳

「轉身擺蓮」定式

右腳提起向左、向上、向右作扇形外擺，腳面展平；同時兩掌自右向左擺掌，在體前先後拍擊右腳面。眼看兩掌。

【用意】

①設對方從右後用左手推我右肩背，我則落腳向右後轉身，右臂屈肘，隨身右帶化開其手。

②若對方以右手向我胸部擊來，我則以左臂向右掩擋其手臂，同時我右手臂從其臂下向上穿出、臂內旋向右滾帶，使其重心不穩；趁勢抬起右腿橫踢其腰部。雙掌由右向左反擊對方面部，或以右腿向後掃絆其腿，同時雙手用力拍擊其胸部，以上下合力將對方摔倒。

45.彎弓射虎

（1）獨立擺掌　　　　　　（2）落腳落掌

右小腿屈收，右腳提於身體右側，腳尖自然下垂，左腿微屈獨立，上體左轉，兩掌左擺，左掌擺至身體左側，右掌擺於左肩前，掌心皆向左，高與肩平。眼看左掌。

上體微右轉，右腳向右側（正西稍偏北）落下，兩掌下落。眼看前方。

【要點】　兩手向右擺動時，頭、腰都要隨之轉動，眼看右拳。定式時，腰向下鬆沉並稍向左回旋，但右膝不要內扣，也不要向左扭胯。頭轉向西南和左拳方向一致。弓步方向略偏西北。

【用意】　設對方用右手向我胸部擊來，我則右手刁其腕，左手黏其肘向右捋帶，隨即右手上提，鬆開左手變拳擊對方右腋肋。

（3）弓步打拳

上體右轉，身體重心移
於右腿成右弓步，兩掌同時
向下、向右畫弧至身體側時
變拳，然後上體左轉，左拳
經面前向左前方（西南）打
出，拳心斜向前，拳眼斜向
下，高與鼻平，右拳屈肘收
於右額前，拳心向外，拳眼
斜向下。眼看左拳。

「彎弓射虎」定式

46.右搬攔捶
（1）坐身抹掌

　　左腿微屈，重心後移，右腳尖內扣，上體左轉，左拳變掌翻轉向上，經體前下落收至左腰間，右拳也變掌自左前臂上穿出，向右前方抹掌，掌心向前下。眼先看右掌，再隨轉體向前平視。

　　【要點】收右腳時要先扣回腳尖，以腳前掌點地，再輕輕收腳，必要時，左腳尖可適當外展，便於上體左轉。其他要點參看左搬攔捶。

（2）收腳握拳　　　　## （3）進步搬拳

　　右腳收至左腳內側，左掌在體側畫弧屈收至胸前，掌心向下，右掌變拳向下，向左收至左肋前，拳心向下。眼看前方。

　　右腳向前墊步，腳跟著地，腳尖外撇，上體右轉；右拳向前（正西）翻轉搬出，高與胸平，拳心向上；左掌順勢按於左胯旁，掌指向前。眼看右拳。

【用意】

　　①設對方用手緊握我左腕，我身體後坐左臂沉肘、外旋後收，帶其近身，同時右掌順勢橫擊其面。

　　②若對方用右手向我胸部擊來，我則以左掌由上向下壓其手臂；同時右臂屈肘握拳以拳背扣擊其面。

　　③若對方用右手向我胸部擊來，我則以左手向右攔擋其臂；同時上前以右拳擊對方肋部。

（4）上步攔掌　　　（5）弓步打拳

　　上體右轉，重心前移，左腳提收上步；右拳隨身體右轉向右畫弧，收於右腰間，拳心向上；左掌向左、向前畫弧攔出，掌心斜向下，眼看左掌。

「右搬攔捶」定式

　　重心前移，左腿前弓成左弓步，上體微右轉；右拳向前打出，拳眼朝上，高與胸平；左掌收於右前臂內側。眼看右拳。

47.右掤捋擠按

（1）轉體伸掌

重心右移，左腳尖翹起外展，上體左轉；左掌向下畫弧，掌心向上，右拳同時變掌前伸，掌心向下。眼看左前方。

（2）收腳抱球

重心前移，左腿屈膝，右腳收至左腳內側；同時右掌由前向下畫弧，左掌自下、向後再翻轉向上畫弧，兩掌在胸前「抱球」（右掌在下，兩掌心相對）。眼看左掌。

【要點】 同左掤捋擠按，唯左右相反。

【用意】 與第一段「左掤捋擠按」相同，唯左右相反。

（3）弓步掤臂　　　　（4）轉腰伸掌

上體微向右轉，右腳向前方邁出一步，重心前移成右弓步；兩掌同時上下分開，右前臂向體前掤出，高與肩平，掌心向內，左掌按落於左胯旁。眼看右前臂。

上體微向右轉，右手隨之前伸，右前臂內旋，掌心向下，左前臂外旋，左掌掌心向上，經腹前向上、向前畫弧，伸至右前臂下方。眼看右掌。

（5）轉身下捋　　　　　（6）弓步前擠

上體左轉，兩手向下捋，經腹前向左後上方畫弧，直至左掌心斜向上，腕高與肩平，右掌心斜向後，右前臂平屈於胸前；同時重心後移至左腿。眼看左掌。

上體右轉，重心前移成右弓步，左臂內旋屈肘，左掌掌指向前搭近右腕內側，掌心向前，雙手同時慢慢向前擠出，右掌心向內，兩臂保持半圓形。眼看右腕。

（7）坐身收掌　　　　（8）弓步按掌

左掌經右腕上伸出，隨即兩掌向左右分開，與肩同寬，掌心向下；上體慢慢後坐，身體重心移至左腿，右腳尖翹起；兩臂屈肘，兩掌收至胸前，掌心向前下。眼向前平視。

「右掤捋擠按」定式

右腳落實，右腿前弓成右弓步；兩掌落經腹前向前、向上按出，手腕高與肩平，掌心向前。眼向前平視。

48.十字手

（1）轉身扣腳   （2）轉身擺掌

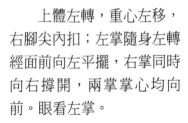

上體左轉，重心左移，右腳尖內扣；左掌隨身左轉經面前向左平擺，右掌同時向右撐開，兩掌掌心均向前。眼看左掌。

左腳尖外展，繼續向左轉體，左腿屈膝，右腿自然蹬直；同時左掌隨體轉繼續向左平擺，與右掌對稱平舉在身體兩側，肘部略屈，兩掌心均向前。眼看左掌。

【要點】 向左擺掌時，右腳扣向正南，左腳隨轉體和重心左移漸漸外展，不要待體重完全壓實左腿後再轉動左腳。合抱雙手時，左腳尖應先內扣，以前腳尖點地再提左腳，然後緩緩起立，腰部微微回（左）旋至朝向正南，身體重心平均放在兩腿。

（3）轉身抱掌

重心右移，左腳尖內扣，上體右轉；兩掌向下、向內畫弧，並在腹前使兩腕相交，兩掌合抱（左掌在外），上舉於胸前，掌心均向內。眼看前方。

（4）收腳開立

「十字手」定式

左腳內收成開立步，兩腳平行，與肩同寬，腳尖向前，然後兩腿慢慢蹬直，上體轉正；兩掌相交合抱舉於體前，高與肩平，兩臂撐圓，左掌在外，成斜十字形。眼看前方。

【用意】

①設若對方由後用手向我背或左肩擊來，我左轉身以左臂擋開其手臂，進身以左掌擊其胸或面部。

②兩手在胸交叉，待機而動，應付各個方向的進招。

收 勢
（1）分掌下按　（2）垂臂開立　（3）收腳併立

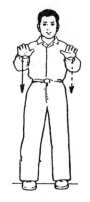 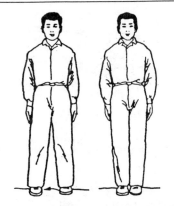

　　兩前臂同時內旋，兩掌分開，與肩同寬，掌心向下，徐徐下落。眼看前方。

　　兩手慢慢下落至兩腿外側，上體正直，頭微上頂，鬆肩垂肘，呼吸自然。眼看前方。

　　左腳收至右腳旁，兩腳併攏，腳尖仍向前，眼看前方。

　　【要點】　精神、速度、勁力都要均勻完整貫徹始終，不可鬆懈，身體保持自然沉穩。

附：四十八式太極拳動作路線示意圖

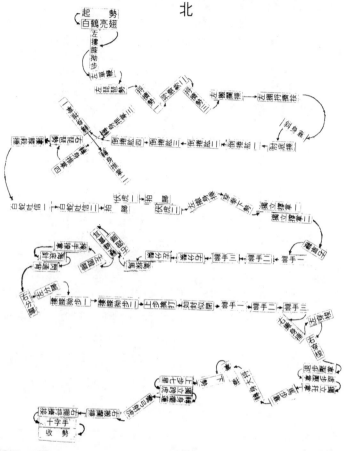

【說明】

1. 整套拳基本在一條直線上往返運動，因無法疊寫，故將圖面展開。
2. 凡幾個動作均在原地活動的，其「動作名稱」並列。
3. 「動作名稱」的下端為練習者面向的方向，字的上端為背向的方向。
4. 示意圖方向應假設面向前方起勢，以便與動作說明相對照。

大展出版社有限公司
品冠文化出版社

圖書目錄

地址：台北市北投區（石牌）　　電話：(02)28236031
　　　致遠一路二段 12 巷 1 號　　　　　　28236033
郵撥：0166955～1　　　　　　傳真：(02)28272069

法律專欄連載・大展編號 58

台大法學院　　　法律學系／策劃
　　　　　　　　　法律服務社／編著

1.	別讓您的權利睡著了(1)	200 元
2.	別讓您的權利睡著了(2)	200 元

・生 活 廣 場・品冠編號 61・

1.	366 天誕生星	李芳黛譯	280 元
2.	366 天誕生花與誕生石	李芳黛譯	280 元
3.	科學命相	淺野八郎著	220 元
4.	已知的他界科學	陳蒼杰譯	220 元
5.	開拓未來的他界科學	陳蒼杰譯	220 元
6.	世紀末變態心理犯罪檔案	沈永嘉譯	240 元
7.	366 天開運年鑑	林廷宇編著	230 元
8.	色彩學與你	野村順一著	230 元
9.	科學手相	淺野八郎著	230 元
10.	你也能成為戀愛高手	柯富陽編著	220 元
11.	血型與十二星座	許淑瑛編著	230 元
12.	動物測驗—人性現形	淺野八郎著	200 元
13.	愛情、幸福完全自測	淺野八郎著	200 元
14.	輕鬆攻佔女性	趙奕世編著	230 元
15.	解讀命運密碼	郭宗德著	200 元
16.	由客家了解亞洲	高木桂藏著	220 元

・女醫師系列・品冠編號 62

1.	子宮內膜症	國府田清子著	200 元
2.	子宮肌瘤	黑島淳子著	200 元
3.	上班女性的壓力症候群	池下育子著	200 元
4.	漏尿、尿失禁	中田真木著	200 元
5.	高齡生產	大鷹美子著	200 元
6.	子宮癌	上坊敏子著	200 元

7. 避孕　　　　　　　　　　　早乙女智子著　200 元
8. 不孕症　　　　　　　　　　中村春根著　200 元
9. 生理痛與生理不順　　　　　堀口雅子著　200 元
10. 更年期　　　　　　　　　　野末悅子著　200 元

・傳統民俗療法・品冠編號 63

1. 神奇刀療法　　　　　　　　潘文雄著　200 元
2. 神奇拍打療法　　　　　　　安在峰著　200 元
3. 神奇拔罐療法　　　　　　　安在峰著　200 元
4. 神奇艾灸療法　　　　　　　安在峰著　200 元
5. 神奇貼敷療法　　　　　　　安在峰著　200 元
6. 神奇薰洗療法　　　　　　　安在峰著　200 元
7. 神奇耳穴療法　　　　　　　安在峰著　200 元
8. 神奇指針療法　　　　　　　安在峰著　200 元
9. 神奇藥酒療法　　　　　　　安在峰著　200 元
10. 神奇藥茶療法　　　　　　　安在峰著　200 元

・彩色圖解保健・品冠編號 64

1. 瘦身　　　　　　　　　　　主婦之友社　300 元
2. 腰痛　　　　　　　　　　　主婦之友社　300 元
3. 肩膀痠痛　　　　　　　　　主婦之友社　300 元
4. 腰、膝、腳的疼痛　　　　　主婦之友社　300 元
5. 壓力、精神疲勞　　　　　　主婦之友社　300 元
6. 眼睛疲勞、視力減退　　　　主婦之友社　300 元

・心 想 事 成・品冠編號 65

1. 魔法愛情點心　　　　　　　結城莫拉著　120 元
2. 可愛手工飾品　　　　　　　結城莫拉著　120 元
3. 可愛打扮 & 髮型　　　　　結城莫拉著　120 元
4. 撲克牌算命　　　　　　　　結城莫拉著　120 元

・少 年 偵 探・品冠編號 66

1. 怪盜二十面相　　　　　　江戶川亂步著　特價 189 元
2. 少年偵探團　　　　　　　江戶川亂步著　特價 189 元
3. 妖怪博士　　　　　　　　江戶川亂步著　特價 189 元
4. 大金塊　　　　　　　　　江戶川亂步著　特價 230 元
5. 青銅魔人　　　　　　　　江戶川亂步著　特價 230 元
6. 地底偵探王　　　　　　　江戶川亂步著
7. 透明怪人　　　　　　　　江戶川亂步著

·武 術 特 輯· 大展編號 10

23. 三十四式太極拳劍	闞桂香著	180 元
24. 楊式秘傳 129 式太極長拳	張楚全著	280 元
25. 楊式太極拳架詳解	林炳堯著	280 元
26. 華佗五禽劍	劉時榮著	180 元
27. 太極拳基礎講座：基本功與簡化 24 式	李德印著	250 元
28. 武式太極拳精華	薛乃印著	200 元
29. 陳式太極拳拳理闡微	馬 虹著	350 元
30. 陳式太極拳體用全書	馬 虹著	400 元
31. 張三豐太極拳	陳占奎著	200 元
32. 中國太極推手	張 山主編	300 元
33. 48 式太極拳入門	門惠豐編著	220 元
34. 太極拳奇人奇功	嚴翰秀編著	250 元
35. 心意門秘籍	李新民編著	220 元
36. 三才門乾坤戊己功	王培生編著	220 元
37. 武式太極劍精華 +VCD	薛乃印編著	350 元
38. 楊式太極拳	傅鐘文演述	200 元
39. 陳式太極拳、劍 36 式	闞桂香編著	250 元
40. 正宗武式太極拳	薛乃印著	220 元

·原地太極拳系列· 大展編號 11

1. 原地綜合太極拳 24 式	胡啟賢創編	220 元
2. 原地活步太極拳 42 式	胡啟賢創編	200 元
3. 原地簡化太極拳 24 式	胡啟賢創編	200 元
4. 原地太極拳 12 式	胡啟賢創編	200 元

·名師出高徒· 大展編號 111

1. 武術基本功與基本動作	劉玉萍編著	200 元
2. 長拳入門與精進	吳彬 等著	220 元
3. 劍術刀術入門與精進	楊柏龍等著	220 元
4. 棍術、槍術入門與精進	邱丕相編著	220 元
5. 南拳入門與精進	朱瑞琪編著	元
6. 散手入門與精進	張 山等著	元
7. 太極拳入門與精進	李德印編著	元
8. 太極推手入門與精進	田金龍編著	元

·實用武術技擊· 大展編號 112

1. 實用自衛拳法	溫佐惠著	
2. 搏擊術精選	陳清山等著	

·道學文化·大展編號 12

1. 道在養生：道教長壽術   郝　勤等著   250 元
2. 龍虎丹道：道教內丹術   郝　勤著   300 元
3. 天上人間：道教神仙譜系   黃德海著   250 元
4. 步罡踏斗：道教祭禮儀典   張澤洪著   250 元
5. 道醫窺秘：道教醫學康復術   王慶餘等著   250 元
6. 勸善成仙：道教生命倫理   李　剛著   250 元
7. 洞天福地：道教宮觀勝境   沙銘壽著   250 元
8. 青詞碧簫：道教文學藝術   楊光文等著   250 元
9. 沈博絕麗：道教格言精粹   朱耕發等著   250 元

·易學智慧·大展編號 122

1. 易學與管理   余敦康主編   250 元
2. 易學與養生   劉長林等著   300 元
3. 易學與美學   劉綱紀等著   300 元
4. 易學與科技   董光壁 著   280 元
5. 易學與建築   韓增祿 著   280 元
6. 易學源流   鄭萬耕 著   元
7. 易學的思維   傅雲龍等著   元
8. 周易與易圖   李　申 著   元

·神算大師·大展編號 123

1. 劉伯溫神算兵法   應　涵編著   280 元
2. 姜太公神算兵法   應　涵編著   280 元
3. 鬼谷子神算兵法   應　涵編著   280 元
4. 諸葛亮神算兵法   應　涵編著   280 元

·秘傳占卜系列·大展編號 14

1. 手相術   淺野八郎著   180 元
2. 人相術   淺野八郎著   180 元
3. 西洋占星術   淺野八郎著   180 元
4. 中國神奇占卜   淺野八郎著   150 元
5. 夢判斷   淺野八郎著   150 元
6. 前世、來世占卜   淺野八郎著   150 元
7. 法國式血型學   淺野八郎著   150 元
8. 靈感、符咒學   淺野八郎著   150 元
9. 紙牌占卜術   淺野八郎著   150 元
10. ESP 超能力占卜   淺野八郎著   150 元

11. 猶太數的秘術　　　　　　　淺野八郎著　150元
12. 新心理測驗　　　　　　　　淺野八郎著　160元
13. 塔羅牌預言秘法　　　　　　淺野八郎著　200元

・趣味心理講座・大展編號 15

1. 性格測驗① 探索男與女	淺野八郎著	140元
2. 性格測驗② 透視人心奧秘	淺野八郎著	140元
3. 性格測驗③ 發現陌生的自己	淺野八郎著	140元
4. 性格測驗④ 發現你的真面目	淺野八郎著	140元
5. 性格測驗⑤ 讓你們吃驚	淺野八郎著	140元
6. 性格測驗⑥ 洞穿心理盲點	淺野八郎著	140元
7. 性格測驗⑦ 探索對方心理	淺野八郎著	140元
8. 性格測驗⑧ 由吃認識自己	淺野八郎著	160元
9. 性格測驗⑨ 戀愛知多少	淺野八郎著	160元
10. 性格測驗⑩ 由裝扮瞭解人心	淺野八郎著	160元
11. 性格測驗⑪ 敲開內心玄機	淺野八郎著	140元
12. 性格測驗⑫ 透視你的未來	淺野八郎著	160元
13. 血型與你的一生	淺野八郎著	160元
14. 趣味推理遊戲	淺野八郎著	160元
15. 行為語言解析	淺野八郎著	160元

・婦 幼 天 地・大展編號 16

1. 八萬人減肥成果	黃靜香譯	180元
2. 三分鐘減肥體操	楊鴻儒譯	150元
3. 窈窕淑女美髮秘訣	柯素娥譯	130元
4. 使妳更迷人	成 玉譯	130元
5. 女性的更年期	官舒妍編譯	160元
6. 胎內育兒法	李玉瓊編譯	150元
7. 早產兒袋鼠式護理	唐岱蘭譯	200元
8. 初次懷孕與生產	婦幼天地編譯組	180元
9. 初次育兒12個月	婦幼天地編譯組	180元
10. 斷乳食與幼兒食	婦幼天地編譯組	180元
11. 培養幼兒能力與性向	婦幼天地編譯組	180元
12. 培養幼兒創造力的玩具與遊戲	婦幼天地編譯組	180元
13. 幼兒的症狀與疾病	婦幼天地編譯組	180元
14. 腿部苗條健美法	婦幼天地編譯組	180元
15. 女性腰痛別忽視	婦幼天地編譯組	150元
16. 舒展身心體操術	李玉瓊編譯	130元
17. 三分鐘臉部體操	趙薇妮著	160元
18. 生動的笑容表情術	趙薇妮著	160元
19. 心曠神怡減肥法	川津祐介著	130元

・青春天地・ 大展編號 17

・健 康 天 地・ 大展編號 18

·實用女性學講座· 大展編號 19

1.	解讀女性內心世界	島田一男著	150 元
2.	塑造成熟的女性	島田一男著	150 元
3.	女性整體裝扮學	黃靜香編著	180 元
4.	女性應對禮儀	黃靜香編著	180 元
5.	女性婚前必修	小野十傳著	200 元
6.	徹底瞭解女人	田口二州著	180 元
7.	拆穿女性謊言 88 招	島田一男著	200 元
8.	解讀女人心	島田一男著	200 元
9.	俘獲女性絕招	志賀貢著	200 元
10.	愛情的壓力解套	中村理英子著	200 元
11.	妳是人見人愛的女孩	廖松濤編著	200 元

·校園系列· 大展編號 20

1.	讀書集中術	多湖輝著	180 元
2.	應考的訣竅	多湖輝著	150 元
3.	輕鬆讀書贏得聯考	多湖輝著	180 元
4.	讀書記憶秘訣	多湖輝著	180 元
5.	視力恢復！超速讀術	江錦雲譯	180 元
6.	讀書 36 計	黃柏松編著	180 元
7.	驚人的速讀術	鐘文訓編著	170 元
8.	學生課業輔導良方	多湖輝著	180 元
9.	超速讀超記憶法	廖松濤編著	180 元
10.	速算解題技巧	宋釗宜編著	200 元
11.	看圖學英文	陳炳崑編著	200 元
12.	讓孩子最喜歡數學	沈永嘉譯	180 元
13.	催眠記憶術	林碧清譯	180 元
14.	催眠速讀術	林碧清譯	180 元
15.	數學式思考學習法	劉淑錦譯	200 元
16.	考試憑要領	劉孝暉著	180 元
17.	事半功倍讀書法	王毅希著	200 元
18.	超金榜題名術	陳蒼杰譯	200 元
19.	靈活記憶術	林耀慶編著	180 元
20.	數學增強要領	江修楨編著	180 元

·實用心理學講座· 大展編號 21

1.	拆穿欺騙伎倆	多湖輝著	140 元
2.	創造好構想	多湖輝著	140 元
3.	面對面心理術	多湖輝著	160 元
4.	偽裝心理術	多湖輝著	140 元

・超現實心靈講座・ 大展編號 22

24. 改變你的夢術入門　　　　高藤聰一郎著　250元
25. 21世紀拯救地球超技術　　深野一幸著　250元

·養生保健· 大展編號23

1.	醫療養生氣功	黃孝寬著	250元
2.	中國氣功圖譜	余功保著	250元
3.	少林醫療氣功精粹	井玉蘭著	250元
4.	龍形實用氣功	吳大才等著	220元
5.	魚戲增視強身氣功	宮嬰著	220元
6.	嚴新氣功	前新培金著	250元
7.	道家玄牝氣功	張章著	200元
8.	仙家秘傳祛病功	李遠國著	160元
9.	少林十大健身功	秦慶豐著	180元
10.	中國自控氣功	張明武著	250元
11.	醫療防癌氣功	黃孝寬著	250元
12.	醫療強身氣功	黃孝寬著	250元
13.	醫療點穴氣功	黃孝寬著	250元
14.	中國八卦如意功	趙維漢著	180元
15.	正宗馬禮堂養氣功	馬禮堂著	420元
16.	秘傳道家筋經內丹功	王慶餘著	300元
17.	三元開慧功	辛桂林著	250元
18.	防癌治癌新氣功	郭林著	180元
19.	禪定與佛家氣功修煉	劉天君著	200元
20.	顛倒之術	梅自強著	360元
21.	簡明氣功辭典	吳家駿編	360元
22.	八卦三合功	張全亮著	230元
23.	朱砂掌健身養生功	楊永著	250元
24.	抗老功	陳九鶴著	230元
25.	意氣按穴排濁自療法	黃啟運編著	250元
26.	陳式太極拳養生功	陳正雷著	200元
27.	健身祛病小功法	王培生著	200元
28.	張式太極混元功	張春銘著	250元
29.	中國璇密功	羅琴編著	250元
30.	中國少林禪密功	齊飛龍著	200元
31.	郭林新氣功	郭林新氣功研究所	400元
32.	太極八卦之源與健身養生	鄭志鴻等著	280元

·社會人智囊· 大展編號24

1.	糾紛談判術	清水增三著	160元
2.	創造關鍵術	淺野八郎著	150元
3.	觀人術	淺野八郎著	200元

生活廣場系列

品冠文化出版社　　郵政劃撥帳號：
　　　　　　　　　　19346241

●主婦の友社授權中文全球版

女醫師系列

①子宮內膜症
　　　國府田清子／著　　　定價 200 元

②子宮肌瘤
　　　黑島淳子／著　　　定價 200 元

③上班女性的壓力症候群
　　　池下育子／著　　　定價 200 元

④漏尿、尿失禁
　　　中田真木／著　　　定價 200 元

⑤高齡生產
　　　大鷹美子／著　　　定價 200 元

⑥子宮癌
　　　上坊敏子／著　　　定價 200 元

⑦避孕
　　　早乙女智子／著　　　定價 200 元

⑧不孕症
　　　中村はるね／著　　　定價 200 元

⑨生理痛與生理不順
　　　堀口雅子／著　　　定價 200 元

⑩更年期
　　　野末悅子／著　　　定價 200 元

品冠文化出版社　　　郵政劃撥帳號：
　　　　　　　　　　　19346241

國家圖書館出版品預行編目資料

四十八式太極拳入門／門惠豐編著；
——初版，——臺北市，大展，2001〔民90〕
面；21公分，——（武術特輯；33）
ISBN 957- 468 - 058 - 4（平裝）
1. 太極拳
528.972   89020131

安徽科學技術出版社授權中文繁體字版

四十八式太極拳入門   ISBN 957- 468 - 058 - 4

編 著 者／門　惠　豐
發 行 人／蔡　森　明
出 版 著／大展出版社有限公司
社　　址／台北市北投區（石牌）致遠一路2段12巷1號
電　　話／（02）28236031・28236033・28233123
傳　　眞／（02）28272069
郵政劃撥／01669551
E－mail ／dah-jaan＠ms9.tisnet.net.tw
登 記 證／局版臺業字第2171號
承 印 者／高星印刷品行
裝　　訂／日新裝訂所
排 版 者／弘益電腦排版有限公司
初版1刷／2001年（民90年）2月
初版發行／2001年（民90年）5月
初版2刷／2002年（民91年）4月   定　價／220元

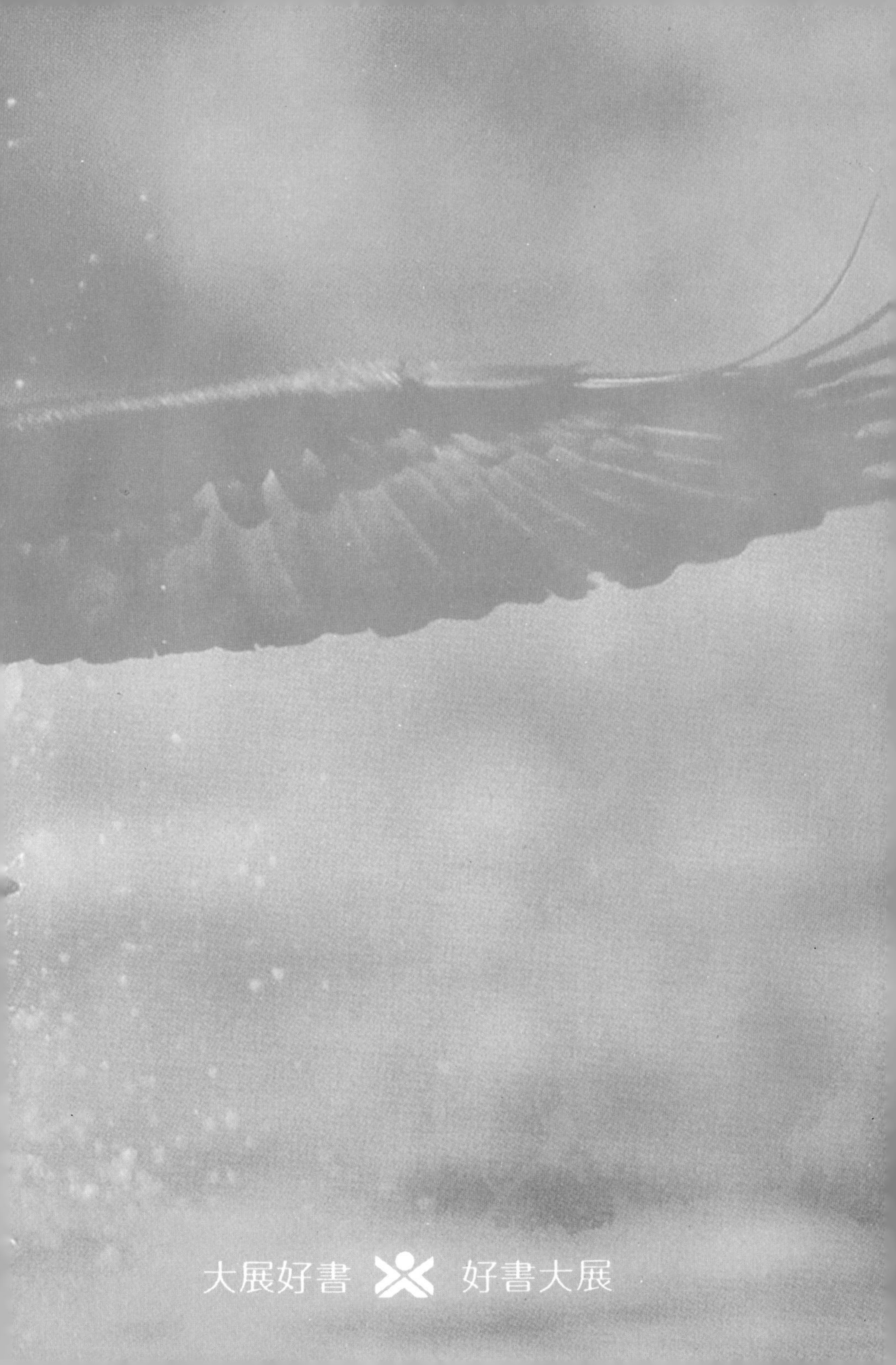
大展好書 好書大展